Die Grabeskirche in Jerusalem

Die Grabeskirche in Jerusalem

Texte von
Martin Biddle, Gideon Avni,
Jon Seligmann, Tamar Winter

Fotos von
Michél Zabé und Garo Nalbandian

Mit einem Vorwort von Yoram Tsafrir

Belser Verlag
Stuttgart

Vorhergehende Seiten:

S. 2–3: Die Rotunde der Grabeskirche. Rechts zelebriert der lateinische Patriarch vor dem Grab die Ostermesse; links davon hat sich eine Gruppe koptischer Geistlicher zu ihrem Palmsonntagsgottesdienst versammelt.

S. 4–5: Luftaufnahme der Grabeskirche. Im Vordergrund der Vorhof, dahinter die beiden Kuppeln der Kirche.

S. 6–7: Am Dienstag vor Ostern knien Mitglieder der armenischen Bruderschaft des hl. Jakob im Gebet.

S. 8–9: Palmsonntagsprozession der römisch-katholischen Gläubigen.

S. 10–11: Opferkerzen erleuchten das Äußere des Heiligen Grabes.

S. 12: Pilger warten auf die Ankunft der Karfreitagsprozession von der Via Dolorosa.

S. 14: Die Fassade der Grabkapelle im üppigen Osterschmuck.

Die Deutsche Bibliothek – CIP-Einheitsaufnahme
Die Grabeskirche in Jerusalem / [Texte von Yoram Tsafrir,
Martin Biddle, Tamar Winter, Gideon Avni, Jon Seligman
Übers.: Rainer Zerbst]. – Stuttgart : Belser, 2000
Einheitssacht.: The church of the holy selpuchre in Jerusalem <dt.>
ISBN 3-7630-2379-8

Übersetzung: Dr. Rainer Zerbst
Redaktion: Regine Weisbrod, Daniela Tivig
Umschlaggestaltung: Neil McBeath

Printed in Italy 2000

ISBN 3-7630-2379-8

Inhalt

Vorwort

Um das Jahr 333 n. Chr. erwähnt ein anonymer Pilger, der von Bordeaux nach Jerusalem kam, mitten in der Stadt sei dem Herrn eine neue Basilika erbaut worden. Nur sieben Jahre waren seit der Entdeckung des Grabes Jesu durch Helena, die Mutter Kaiser Konstantins, vergangen; man habe es, so erfahren wir durch den bedeutenden Kirchenvater Eusebios, wundersamerweise unter dem Tempel der Aphrodite gefunden. Das war der Haupttempel der Aelia Capitolina, jener römischen Stadt, die auf den Trümmern des jüdischen Jerusalem errichtet worden war. Der Kaiser selbst drängte Makarios, den Bischof von Jerusalem, der heiligen Stätte durch den Bau eines prunkvollen Schreins an eben dieser Stelle ein Denkmal zu setzen. Die im September 335 geweihte Kirche wurde zum meistverehrten christlichen Heiligtum, einem Ort der Andacht und Ziel der Pilger bis zum heutigen Tag.

Dank zahlreicher Bildzeugnisse von Historikern, Pilgern und Reisenden liegen uns detaillierte Beschreibungen dieses heiligen Baukomplexes, seiner Entwicklung und seiner Geschichte vor. Wir wissen, dass die Kirche eine lange und komplizierte Geschichte der Zerstörung und des Wiederaufbaus durchlebte. Umfangreiche Umgestaltungen während der Zeit der Kreuzzüge im 12. Jahrhundert haben die ursprüngliche Anlage des Baukomplexes überdeckt und uns die heutige Form der Kirche beschert. Es war dies allerdings nicht die letzte Umgestaltung; immer wieder fanden im Lauf der nachfolgenden Jahrhunderte Umbauten statt, die jeweils den Anforderungen und Geschmacksrichtungen der Zeit entsprachen.

Die fortlaufenden Umgestaltungen und Ergänzungen durch Kapellen auf den verschiedensten Ebenen innerhalb der einzelnen Kirchenbauten haben den Bezirk um das Heilige Grab bereichert, aber zugleich eine Analyse der architektonischen Entwicklung dieses Kirchenkomplexes nahezu unmöglich gemacht. Zwar sind die literarischen Beschreibungen diesbezüglich von unschätzbarem Wert, aber auch sie konnten kein klares Bild liefern, da eine genaue Vermessung der Ruinen fehlte. Eine solche Untersuchung setzte erst im späten 19. Jahrhundert ein und dauerte das 20. Jahrhundert über fort.

Die Renovierung und Restaurierung verschiedener Teile der Kirche war von einer Reihe von Vermessungsarbeiten und Grabungen begleitet, die in der zweiten Hälfte dieses Jahrhunderts eine besondere Intensität erreichten. Die Arbeiten von V. Corbo, A. Couasnon, A. Economopoulos, M. Broshi, G. Lavas und zahlreichen weiteren Forschern im Auftrag der Religionsgemeinschaften, die sich die Grabeskirche teilen, haben unser Wissen um den Kirchenbezirk bereichert, aber die Kirche birgt nach wie vor zahlreiche Geheimnisse. Immer wieder werden im Zuge der Rekonstruktions- und Konsolidierungsmaßnahmen Wände, Hallen und verborgene Stellen entdeckt. Diese jüngeren Entdeckungen verdanken wir zum Teil den Autoren des vorliegenden Bandes, die die Kirche unter den verschiedensten Aspekten intensiv erforscht haben.

Am Ende des ersten Jahrtausends stand die Kirche des Heiligen Grabes vor einer düsteren Zukunft, im Jahr 1009 erlitt sie sogar beträchtliche Zerstörungen. Am Ende des zweiten Jahrtausends erlebte der Komplex der Grabeskirche eine umfassende architektonische Rekonstruktion und Renovierung, damit sie bereit ist, im Jahr 2000 die zahllosen Gläubigen zu empfangen.

Wir alle hoffen, dass die nahe Zukunft ein neues Zeitalter des Friedens und des Verständnisses mit sich bringt und dass die zahlreichen Pilger und Besucher der Grabeskirche dafür sorgen werden, dass Toleranz und Harmonie in Jerusalem, der Stadt des Friedens, einkehren.

Yoram Tsafrir
Hebräische Universität Jerusalem

Chronologie

30/33 n. Chr.: Josef von Arimathäa lässt das Grab für die Beerdigung Jesu aus dem Fels hauen. Das leere Grab ist vermutlich sichtbar, bis es 135 n. Chr. unter einem römischen Tempel verschüttet wird.
70: Belagerung und Zerstörung Jerusalems durch die Römer.
130: Der römische Kaiser Hadrian gründet die Kolonie Aelia Capitolina auf dem Boden Jerusalems; 135 errichtet er über dem Felsen Golgota und dem Grab einen heidnischen Tempel.
313: Die römischen Kaiser Konstantin und Licinius legalisieren die christliche Kirche.
325/6: Da der Ort von Golgota bekannt ist, lässt Makarios, der Bischof von Jerusalem, mit Billigung des Kaisers Konstantin den heidnischen Tempel zerstören und entdeckt unter seiner Terrasse das Grab Christi. Konstantin ordnet den Bau der Grabeskirche an, die aus der Anastasis (Rotunde) mit dem Grabbau (Ädikula) über dem Grab, dem Hof vor dem Kreuz und dem Martyrion (Basilika) besteht.
327/28: Kaiserin Helena, die Mutter Konstantins, reist in die östlichen Provinzen, einschließlich nach Palästina. Sie lässt die Geburtsbasilika in Betlehem und die Eleona auf dem Ölberg errichten und muss im Auftrag ihres Sohnes auch die Bauarbeiten an der Grabeskirche besichtigt und möglicherweise auch finanziell unterstützt haben. Im Verlauf der Bauarbeiten werden Holzreste gefunden, von denen man meint, es seien Fragmente des heiligen Kreuzes.
420: Kaiser Theodosius II. lässt auf Golgota ein mit Juwelen reich geschmücktes goldenes Kreuz aufrichten.
614: Die Perser erobern und plündern Jerusalem und die Grabeskirche. Die Reliquie des heiligen Kreuzes wird nach Persien gebracht.
630: Der byzantinische Kaiser Herakleios bringt, nachdem er in Persien eingefallen war und die Reliquie des heiligen Kreuzes wieder erobert hat, die Reliquie persönlich in die Grabeskirche zurück.
638: Jerusalem ergibt sich den Muslimen. Kalif Omar I. weigert sich, in der Grabeskirche zu beten, die die nächsten vier Jahrhunderte hindurch ungestört in christlicher Hand bleibt.
809–29: Die Kuppel über der Rotunde der Anastasis wird als offener Kegel neu gebaut, eine Form, die sie tausend Jahre lang bis 1809–10 behalten wird.
870 oder etwas früher: Der Mönch Bernhard verfasst den ersten bekannten Bericht über die Zeremonie des heiligen Feuers am Karsamstag.
937: Die Grabeskirche wird bei Unruhen beschädigt.
966: Die Kirche wird abermals bei Unruhen beschädigt.
1009: Die Grabeskirche wird auf Anordnung des Fatimidenherrschers von Ägypten, des Kalifen al-Hakim, zerstört. Teile des Grabes und der Wände der Rotunde der Anastasis bleiben erhalten.
1012–23: Die erste Wiederaufbauphase der Grabeskirche.
1027 und folgende Jahre: Große Pilgerströme treffen in Jerusalem ein, um die Jahrtausendfeier von Christi Kreuzigung und Auferstehung zu feiern und der Zeremonie des heiligen Feuers am wieder errichteten Grabbau über dem Grab beizuwohnen.
1037–41: Der byzantinische Kaiser Michael IV. Paphlagonios vollendet den Wiederaufbau der Grabeskirche.
1099: Kreuzfahrer erobern und plündern Jerusalem und gründen das christliche Königreich Jerusalem. Balduin I. nimmt den Königstitel an. Wenige Jahre später

errichten die Kreuzfahrer eine Silberstatue Christi über dem Grabbau.
1149: Die Kreuzfahrer weihen die von ihnen wieder erbauten Kapellen um den Felsen von Golgota (Kalvarienberg).
1163–67: Die Kreuzfahrer vollenden den Wiederaufbau der Grabeskirche mit einem neuen Chor, neuen Querschiffen, der großen Südfassade und dem Glockenturm.
1187: Jerusalem ergibt sich Saladin. Der lateinische Patriarch und die Würdenträger verlassen die Stadt, die Grabeskirche aber bleibt unangetastet.
1229: Kaiser Friedrich II. gelingt es, auf dem 5. Kreuzzug Jerusalem vom ägyptischen Sultan vorübergehend durch eine vertragliche Vereinbarung zurückzugewinnen und krönt sich zum König von Jerusalem.
1244: Die choresmischen Türken erobern und plündern Jerusalem und die Grabeskirche; alle dort versammelten Menschen werden getötet.
1291: Nach dem Fall von Akko verlassen die Kreuzfahrer endgültig das Heilige Land.
1517: Die Osmanen erobern Palästina. Sultan Süleiman der Prächtige lässt die Mauern Jerusalems wieder aufbauen. Die Grabeskirche bleibt unangetastet.
1555: Der Grabbau wird durch Bonifatius von Ragusa, den franziskanischen Kustos des Heiligen Landes, wieder aufgebaut.
1808: Die Grabeskirche wird bei einem Brand schwer beschädigt.
1809–10: Nikolaos Komnenos, ein in Istanbul arbeitender griechischer Architekt, leitet den Wiederaufbau der Grabeskirche.
1852: Sultan Abd Al Mandschib I. setzt in einem Erlass (Ferman) den Status quo fest, der für die Religionsgemeinschaften in der Grabeskirche und an den übrigen heiligen Stätten der Christen bis heute Gültigkeit hat.
1868: Die Rotundenkuppel der Anastasis wird neu gebaut.
1917: Die Briten nehmen Jerusalem ein und sichern allen Religionsgemeinschaften die Kontrolle über ihre Bauten und Besitztümer sowie die Beibehaltung des Status quo zu.
1927: Ein Erdbeben erschüttert Jerusalem. Die Grabeskirche wird schwer beschädigt und muss die nächsten Jahre über durch Gerüste gestützt werden, damit ein Einsturz verhindert wird.
1948: Die Briten ziehen sich aus Jerusalem zurück. Nach dem 1. Israelisch-Arabischen Krieg 1948/49 erhält die Regierung von Jordanien den Status quo in der Grabeskirche aufrecht.
1958: Die drei großen Religionsgemeinschaften gründen das so genannte „Common Technical Bureau“ für die Restaurierung der Grabeskirche, die die nächsten zwanzig Jahre in Anspruch nimmt.
1967: Nach dem Sechstagekrieg verpflichtet sich die Regierung von Israel, den Status quo in der Grabeskirche aufrechtzuerhalten.
1997: Eine neu geschmückte Kuppel über der Rotunde der Anastasis wird als Vorbereitung auf das große Jubeljahr 2000 eingeweiht.
2000: Christi Geburt jährt sich zum zweitausendsten Mal.

Die Grabeskirche

Einführung

Im Jahr 30, vielleicht auch 33, wurde Jesus vor den Toren Jerusalems hingerichtet. Schon zehn Jahre später befanden sich die Stätten seiner Kreuzigung und Bestattung innerhalb der Stadtmauern der expandierenden Stadt. Jahrzehnte später wurden diese Stätten unter gewaltigen Schuttmassen begraben, mit denen die Römer das Gebiet einebneten. Trotzdem ragte Golgota, der Ort der Kreuzigung, noch drei Jahrhunderte danach aus dem Boden heraus. Er diente bei Ausgrabungen, bei denen unter den Schuttmassen mehrere aus dem Fels gehauene Gräber entdeckt wurden, als Orientierungszeichen. Aus nie geklärten Gründen wurde eines dieser Gräber sofort zum Grab Christi erklärt. Kaiser Konstantin ordnete an, Golgota und das Grab zu erhalten und unmittelbar daneben eine große Kirche zu errichten. Diese Basilika, bekannt unter dem Namen Martyrion (griech. für „Zeugnis" oder „Zeuge"), wurde im September 335 innerhalb der Mauern der alten römischen Siedlung Aelia Capitolina geweiht, die bald darauf wieder ihren alten Namen Jerusalem erhalten sollte.

Seit nunmehr siebzehn Jahrhunderten befindet sich dieser große Gebäudekomplex, der heute Grabeskirche beziehungsweise kurz auch Anastasis (griech. für „Auferstehung"), genannt wird, innerhalb der Stadtmauern Jerusalems. Oft beschädigt, einmal nahezu vollständig zerstört, aber immer wieder aufgebaut, blieb die Kirche mit ihren heiligen Stätten Golgota und dem Grab das Ziel zahlloser Pilger aus aller Welt. Damals wie heute stießen die Pilger nicht auf einen Hügel außerhalb einer Stadtmauer sowie auf ein nahe gelegenes Grab, sie trafen stattdessen auf eine von einer Mauer umwehrte Stadt und – versteckt inmitten dieser Stadt zwischen engen, verwinkelten und dicht bevölkerten Straßen – auf eine gewaltige Kirche, die buchstäblich in letzter Sekunde, nach einer letzten Straßenbiegung, ins Blickfeld der frommen Pilger kam.

Diese Pilger strömten nach Jerusalem, weil sich hier so viele Stätten befanden, die mit dem Leben und den letzten Tagen Jesu in Verbindung standen, und vor allem, weil hier das Grab Christi lag – die Stätte seiner Auferstehung, ihrer Erlösung, das Leben spendende Grab. Wenn sie Jerusalem nach einer langen, gefährlichen Reise zum ersten Mal erblickten, war das ein Augenblick höchster Ergriffenheit. Ob sie nun von Süden her auf der Straße von Ägypten über Betlehem kamen oder von Norden her über Akko oder von Jaffa aus über Ramla – die Pilger fielen auf die Knie und weinten, wie zahlreiche von ihnen in ihren Reiseberichten beschrieben. Viele erblickten Jerusalem zum ersten Mal von einem Hügel in einiger Entfernung, auf dem sich der Überlieferung nach das Grab des Propheten Samuel befindet; heute wird der Hügel Nebi Samuel genannt. Von diesem Hügel aus erblickten auch die Kreuzfahrer am Morgen des 7. Juni 1099 Jerusalem zum ersten Mal, und hier errichteten sie später die Kirche Mons Gaudii, Montjoie. Und von hier aus blickte Richard Löwenherz 1192 auf die Stadt hinab, die zu befreien er gekommen war, die er aber nie betreten sollte. Sieben Jahrhunderte später, als Allenby am 9. Dezember 1917 Jerusalem betrat, nahm ein britischer Militärposten eine Schlüsselfunktion ein, der von diesem Hügel aus die Straße von Jaffa kontrollierte.

Ausschnitt der Seitenwand der Grabkapelle.

Das mittelalterliche Jerusalem von Osten aus gesehen. Im Vordergrund die El-Aksa-Moschee und der Felsendom auf dem Tempelberg. Etwas rechts über dem Felsendom die Grabeskirche. Im Hintergrund als Teil der Stadtmauer die Zitadelle von Jerusalem mit dem David-Turm. Jerusalem, die Heilige Stadt von F. Hogenberg – G. Braun, Kupferstich 1576.

Auf ihrer Heimreise nahmen die Pilger Erinnerungsstücke vom Grab Christi mit – Öl aus den Leuchtern, die über dem Grab brannten, Stoff- oder Papierstreifen von der exakten Länge des Grabes, Felsstückchen von Golgota oder sogar vom Grab selbst. Andere machten sich Notizen, nahmen sorgsam Maß, fertigten Zeichnungen an, brachten zu diesem Zweck sogar bildende Künstler mit. Sie kauften sich Stein- oder Holzmodelle der Kirche und kleinere Modelle von Golgota oder vom Grab. Einige verfassten nach ihrer Rückkehr Berichte über das, was sie gesehen hatten, andere fertigten Kopien vom Grabesinneren an wie die in der Jeruzalemkerk in Brügge oder in der Krypta der Kapelle von La Hougue Bie auf der Insel Jersey. Wieder andere errichteten ein Grab in voller Größe samt Grabkapelle, beispielsweise in Eichstätt in Bayern oder in San Vivaldo in der Toskana. In Osteuropa wurde sogar die ganze Grabeskirche rekonstruiert, darunter am bemerkenswertesten im Novjerusalimskij Monastir unweit von Istra östlich von Moskau. Damit wollte man Christi Tod gedenken und einen Ort schaffen, an dem alljährlich in der Osterliturgie die Ereignisse um Christi Tod und seine Auferstehung gefeiert werden konnten.

Diese Berichte, Zeichnungen, Modelle und regelrechte Bauten der Pilger legten mehr als tausend Jahre hindurch Zeugnis davon ab, wie die Grabeskirche über Jahrhunderte hinweg aussah, vor allem die Grabkapelle, die immer noch das umgibt und schützt, was als aus dem Felsen gehauenes Grab Christi gilt. Bedeutendstes Zeugnis aber ist die Grabeskirche selbst mit dem Turm und ihren Kuppeln, die sich schon von weitem sichtbar über den Dächern der Altstadt erheben.

Kreuzigung und Grablegung Christi 30/33 n. Chr.

Detail des versilberten Bronzealtars aus dem 16. Jahrhundert im lateinischen Bereich der Golgotakapelle mit einer Darstellung der Kreuzigung. Der Altar ist ein Geschenk von Ferdinando I. de' Medici.

Am Tag vor dem Passahfest aß Jesus von Nazareth mit seinen zwölf Jüngern zu Abend. Nach dem Abendmahl gingen sie gemeinsam in den Garten Getsemani auf der anderen Seite des Kidrontals, wo Jesus von Judas verraten und daraufhin verhaftet wurde. Die Nacht und den frühen Morgen über wurde er vor dem Sanhedrin, dem jüdischen Hohen Rat, verhört, wegen Blasphemie zum Tod verurteilt und dem römischen Statthalter Pontius Pilatus übergeben. Angesichts der Behauptung des Sanhedrin, Jesus habe sich zum König der Juden erklärt und sei daher des Hochverrats schuldig, verurteilte Pontius Pilatus ihn schließlich zum Tod am Kreuz. Jesus wurde zu dem Golgota genannten Ort gebracht und gekreuzigt. Nach seinem Tod am Kreuz wurde sein Leichnam noch am selben Freitag abgenommen, gewaschen und vor Einbruch der Dunkelheit – vor Beginn des Sabbat – in ein nahe gelegenes Felsengrab gelegt. Den Evangelien zufolge ist Jesus Christus aus diesem Grab von den Toten auferstanden.

Zu diesem ursprünglichen Grab, in das Josef von Arimathäa den Leichnam Jesu am Abend des Kreuzigungstags im Jahr 30 oder, weniger wahrscheinlich, 33 n. Chr. legte, haben wir unmittelbare Hinweise nur durch die Evangelien. Ihre Berichte stimmen allerdings nicht ganz überein. Matthäus (27,32–28,8), Markus (15,20–16,8) und Lukas (23,26–24,10 und 24,22–24) beschreiben die Kreuzigung und die Grablegung sehr ausführlich, dafür ist Johannes (19,17–20,12) in anderer Hinsicht detaillierter:

„(17) Er trug sein Kreuz und ging hinaus zur so genannten Schädelhöhe, die auf hebräisch Golgota heißt. (18) Dort kreuzigten sie ihn ... (19) Pilatus ließ auch ein Schild anfertigen und oben am Kreuz befestigen ... (20) Dieses Schild lasen viele Juden, weil der Platz, wo Jesus gekreuzigt wurde, nahe bei der Stadt lag ... (38) Josef aus Arimathäa ... kam ... (39) Es kam auch Nikodemus ... (40) Sie nahmen den Leichnam Jesu und umwickelten ihn mit Leinenbinden, zusammen mit den wohlriechenden Salben, wie es beim jüdischen Begräbnis Sitte ist. (41) An dem Ort, wo man ihn gekreuzigt hatte, war ein Garten, und in dem Garten war ein neues Grab, in dem noch niemand bestattet worden war. (42) Wegen des Rüsttages der Juden und weil das Grab in der Nähe lag, setzten sie Jesus dort bei.

(20,1) Am ersten Tag der Woche kam Maria von Magdala frühmorgens ... zum Grab und sah, dass der Stein vom Grab weggenommen war. ... (3) Da gingen Petrus und der andere Jünger hinaus und kamen zum Grab; (4) ... aber weil der andere Jünger schneller war als Petrus, kam er als erster ans Grab. (5) Er beugte sich vor und sah die Leinenbinden liegen, ging aber nicht hinein. (6) Da kam auch Simon Petrus, ..., und ging in das Grab hinein ... (10) Dann kehrten die Jünger wieder nach Hause zurück. (11) Maria aber stand draußen vor dem Grab und weinte. Während sie weinte, beugte sie sich in die Grabkammer hinein. (12) Da sah sie zwei Engel in weißen Gewändern sitzen, den einen dort, wo der Kopf, den anderen dort, wo die Füße des Leichnams Jesu gelegen hatten ..."

Ein modernes griechisches Wandmosaik hinter dem Salbungsstein im Eingangsbereich zum heiligen Grab. Das Mosaik stellt die Kreuzabnahme Christi, die Salbung, die Vorbereitung des Leichnams zur Grablegung sowie die Grablegung dar. Man beachte den Schädel (hebräisch: gulgolet/golgota) unter dem Kreuz.

Tatsache scheint zu sein, dass Golgota, der Ort der Kreuzigung, vor den Toren der Stadt in einem urbar gemachten Gelände (einem „Garten“) lag, wo viele die Inschrift auf dem Kreuz Jesu sehen und lesen konnten. Unweit von der Kreuzigungsstelle befand sich ein frisches, noch nicht für eine Bestattung genutztes Grab. Die übrigen Evangelien fügen hinzu, das Grab habe Josef von Arimathäa, einem reichen Ratsmitglied, gehört, es sei frisch in den Fels gehauen gewesen und habe mit einem Stein, den man vor oder über den Eingang rollen konnte, verschlossen werden können. Um in das Grab zu blicken, habe man sich bücken müssen, sodass es sich um einen niedrigen Eingang gehandelt haben muss. Das Grab, so geht weiter aus den Evangelien hervor, bot mindestens fünf Personen Platz, von denen zwei sitzen konnten. Bei Markus erfahren wir auch, dass man auf der rechten Seite, wo der Leichnam Jesu gelegen hatte, sitzen konnte.

Ein solches Grab entspricht ganz dem, was wir von den damaligen Bestattungsgepflogenheiten in der Jerusalemer Gegend wissen: Es war ein Felsengrab mit einem niedrigen Eingang, der durch einen beweglichen Stein verschlossen wurde; innen befand sich eine etwas höher gelegene Grabbank. Ein solches Grab wäre allerdings zu schlicht: Die meisten Gräber dieser Zeit hatten an mehr als nur einer Seite Grabbänke, lange, enge rechteckige Nischen *(loculi)*, in die der Leichnam im rechten Winkel zu den Grabwänden geschoben werden konnte, und Grabkammern für mehrere Leichen waren die Regel. Dass solche Einzelheiten in den Evangelien fehlen, kann daran liegen, dass die Berichte sehr knapp gehalten sind: Details waren für die Verfasser der Evangelien offensichtlich ohne Bedeutung. Wir können daher nicht ganz sicher sein, welchem Typ genau das in den Evangelien erwähnte Grab entsprach.

Beschränken wir uns auf das, was den Evangelien zu entnehmen ist und was wir von Felsengräbern der Jerusalemer Gegend jener Zeit wissen, dann können wir die mutmaßliche ursprüngliche Gestalt des Felsengrabs rekonstruieren. Das Grab bestand aus zwei Bereichen: einem nicht oder nur teilweise überdachten, aus dem Fels gehauenen Vorplatz, von dem aus man durch einen niedrigen Eingang in eine ganz vom Felsen umschlossene Felsengrabkammer treten konnte. Der Eingang zur Grabkammer war durch einen großen Stein verschlossen. Es gibt keinerlei Hinweis darauf, dass dieser rund war: Sehr viel wahrscheinlicher war er grob behauen und ließ sich gegen den Eingang eher stemmen als rollen. In der ursprünglichen Grabkammer befanden sich vermutlich auf zwei oder drei Seiten in den Fels gehauene Grabbänke. Die Form der Grabkammer mit nur einer Bank, die seit dem Jahr 325–26 erhalten ist und die sich bis heute in der Grabkapelle befindet, wäre unter den rund tausend Felsengräbern aus der Zweiten Tempelperiode, die man inzwischen in der Jerusalemer Gegend dokumentiert hat, eine Ausnahme, denn bei diesen sind zwei oder drei Bänke üblich. Wir haben auch keinerlei Hinweis darauf, dass die Grabbank sich in einer Nische unter einem sorgfältig aus dem Fels gehauenen Arkosolium befand. Die Grabkammer war also demnach ein quadratischer oder rechteckiger Raum mit einer niedrigen Decke, in dem auf drei Seiten die Grabbänke angebracht waren und in dem zwischen den Bänken nur wenig Platz bis auf Bodenhöhe ausgemeißelt war. In diesem tiefer gelegenen Bereich, der auch „Stehgrube“ genannt wird, konnten die bei der Bestattung Anwesenden aufrecht in der Grabkammer stehen.

Der Überlieferung nach liegen die Gräber von Josef von Arimathäa und Nikodemus in der syrisch-orthodoxen Kapelle an der Rückseite der Rotunde. Diese Gräber aus der Zeit Christi sind ein klarer Hinweis darauf, dass das Grab Christi Teil eines damaligen jüdischen Friedhofs war.

Eine Reihe von Beobachtungen und Untersuchungen unter der Grabeskirche, die im vorigen Jahrhundert vorgenommen wurden, haben Teile der ursprünglichen Umgebung des Grabes zutage gefördert. Der felsige Kalksteinhügel, der von Westen nach Osten steil abfällt, diente möglicherweise jahrhundertelang als Steinbruch, lange bevor dieser Bereich zu Bestattungen genutzt wurde. Dann wurden Grabkammern in den Berghang und in die Seitenwände der Steinbrüche eingehauen. Einige dieser Gräber waren registriert worden; daher wissen wir, dass diese Gegend zur Zeit des Todes und der Grablegung Jesu als jüdischer Friedhof genutzt wurde. Die Existenz dieses Friedhofs liefert uns den Ort seiner Grablegung und ist eines der wichtigsten Indizien für die Authentizität dieser Stelle.

Golgota war offenbar eine vereinzelte Felssäule, die etwa 45 Meter südöstlich des Grabes aus dem Steinbruch aufragte. Diese Nähe zum Grab geht aus dem Johannesevangelium hervor, das feststellt, die Stelle der Kreuzigung sei in der Nähe des Grabes gewesen, in einem Garten an dem Ort, wo er gekreuzigt wurde. Mit dem Begriff „Garten" bezeichnete man lediglich eine urbar gemachte Gegend, wie man sie heute noch um Jerusalem zwischen den Felsen an den steilen Berghängen findet.

Golgota und das Grab zur Zeit der Römer 30–325 n. Chr.

In dem Jahrhundert zwischen der Kreuzigung und dem Beschluss zur Gründung der römischen Kolonie Aelia Capitolina auf dem Boden Jerusalems durch Kaiser Hadrian im Jahr 130 erfahren wir nahezu nichts über Golgota und das Grab. Zwischen 41 und 44 n. Chr. hatte Herodes Agrippa I. die Stadt nach Nordwesten hin ausgebaut, wodurch Golgota und das Grab innerhalb der Stadtmauern gelangten. Bis zum heutigen Tag liegen Kreuzigungsstätte und Grab mitten in der Stadt.

Die Felsengräber jener Gegend, in der heute die Grabeskirche liegt, müssen von den Priestern wohl in der Zeit geräumt und gereinigt worden sein, als die Stadt sich über ihnen ausdehnte, aber wir wissen nicht, inwieweit dies auch für das Grab Christi zutraf. Ebenso wenig wissen wir, inwieweit Golgota und das Grab von der Belagerung und Zerstörung der Stadt durch die Römer unter Titus im Jahr 70 n. Chr. betroffen waren oder welche Auswirkungen die Niederschlagung des jüdischen Aufstandes unter Simon Bar-Kochba 132–35 hatte. Möglicherweise waren sie davon in Mitleidenschaft gezogen.

Hinweise in der Bibel könnten die Vermutung nahe legen, dass der Platz der Kreuzigung zu dieser Zeit bereits innerhalb der Stadt lag. Gemäß Offenbarung 11,8 blieben die Leichen der beiden Zeugen „auf der Straße der großen Stadt liegen. Diese Stadt heißt geistlich verstanden: Sodom und Ägypten; dort wurde auch ihr Herr gekreuzigt.“ Mit der „Stadt“ ist Jerusalem gemeint; mit dieser Bemerkung lässt sich die Überlieferung, der Ort habe sich im Stadtgebiet befunden, in das späte erste Jahrhundert datieren, als die Offenbarung entstand und als der Ort der Kreuzigung tatsächlich innerhalb der erweiterten Stadt der Jahre 41–44 lag.

Die Gründung der Kolonie Aelia Capitolina durch den römischen Kaiser Hadrian auf den Trümmern der im Jahr 70 zerstörten Stadt veränderte grundlegend die Gegend um Golgota und das Grab. Hadrians Werk wurde offenbar nach der Unterdrückung des Bar-Kochba-Aufstandes im Jahr 135 begonnen; die historischen Belege, die uns für dieses Werk vorliegen, basieren auf dem 325–26 entdeckten Grab, eben dem Grab, das sich heute unter der Rotunde der Grabeskirche befindet.

Eusebios war von etwa 315 bis 339 Bischof von Caesarea und gilt als Vater der Kirchengeschichtsschreibung. Er lernte Hadrians Bauten kennen, wie sie in den Zwanzigerjahren des vierten nachchristlichen Jahrhunderts aussahen, und was er von ihnen berichtet, ist ein Zeugnis von höchster Bedeutung.

Seinem Werk *Vita Constantini* (Leben des Konstantin) zufolge war die ganze Gegend mit Unmengen von Erde und Pflastersteinen bedeckt, auf diesem Gelände sei über der „heiligen Grotte“, d. h. dem Grab, ein Tempel der Aphrodite (Venus) errichtet worden. Der Bibelübersetzer Hieronymus, von 386 bis zu seinem Tod 420 Mönch in Betlehem, fügt ergänzend hinzu, diese Situation habe von Hadrian bis zur Herrschaft Kaiser Konstantins Bestand gehabt, behauptet aber, über der Stelle der Erlösungstat (d. h. dem Grab) habe eine Jupiter-Statue gestanden, eine Venus-Statue dagegen auf dem Felsen des Kreuzes. Diese Verwirrung ist möglicherweise auf Eusebios zurückzuführen, der in seiner *Vita Constantini* den Tempel der Aphrodite den Jahren 337–39 zuschreibt, also mehr als zehn Jahre

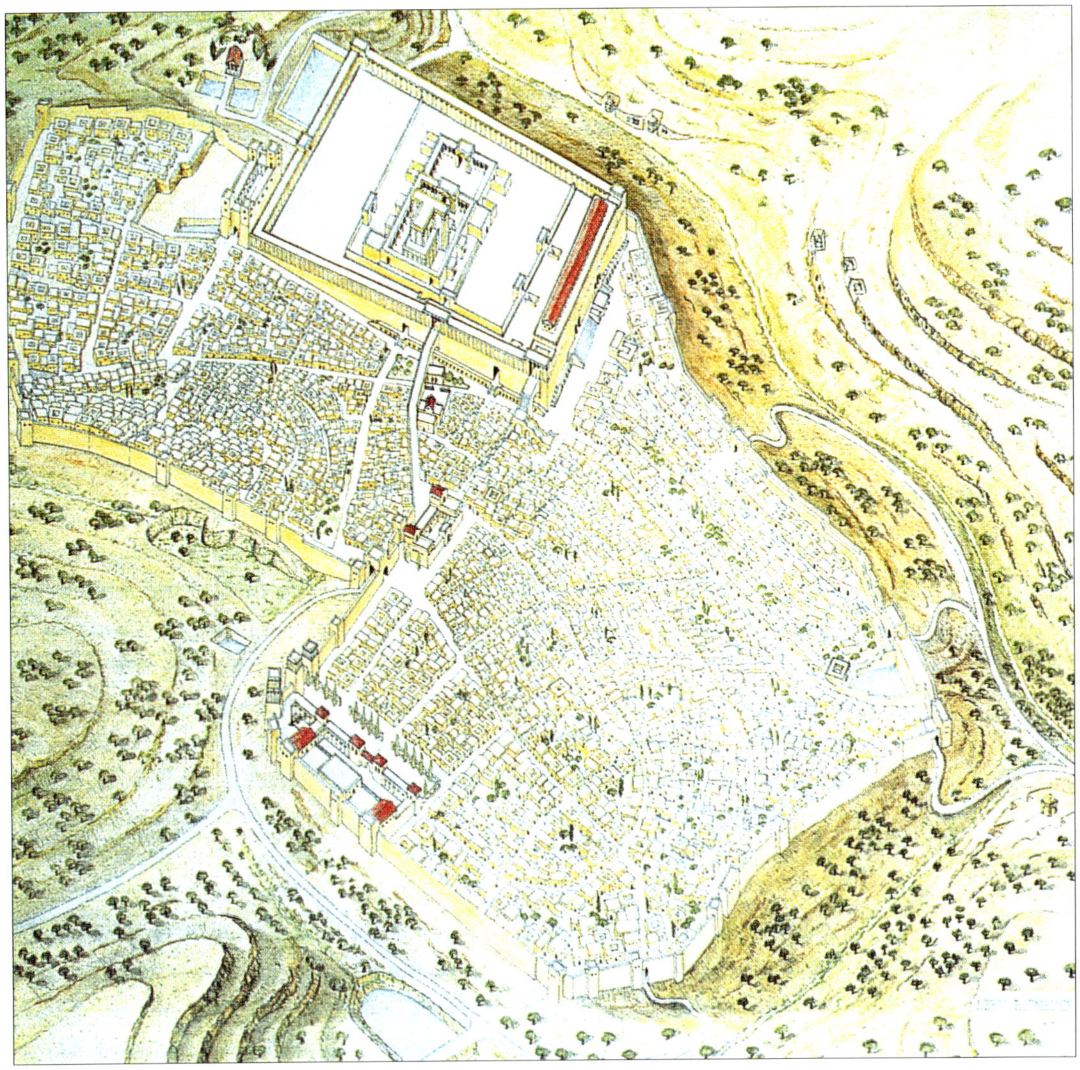

Rekonstruktion von Jerusalem zur Zeit Christi aus der Vogelperspektive mit Blick nach Nordosten. Oben ist der von König Herodes ausgebaute und erweiterte Tempel zu sehen. Links vom Tempel liegt die Burg Antonia, möglicherweise Ort des Verhörs Christi. Unten links befinden sich Palast und Zitadelle von König Herodes. Etwas darüber sowie außerhalb der Stadtmauern liegt der Steinbruch, in dem Jesus gekreuzigt wurde.

nach dessen Zerstörung. Die Münzen von Aelia Capitolina – also eine echte zeitgenössische Quelle – stellen weder Venus noch ihren Tempel dar. Sie zeigen stattdessen zwei verschiedene Tempel der Tyche. Eusebios könnte sich dazu entschlossen haben, einen dieser Tempel Venus zuzuschreiben, um die mutmaßliche Schändung der Stätte noch schmachvoller erscheinen zu lassen. Für Juden und Christen galt Tyche als „tragbare, akzeptable“ heidnische Gottheit, die sogar auf den Münzen Agrippas II. auftaucht; Venus hingegen war für Christen schlicht eine Zumutung. Die christlichen Quellen gehen noch weiter und beschuldigen Hadrian, er habe die Stätten der Kreuzigung und Grablegung Jesu verheimlichen und entehren wollen, doch drückt das wohl lediglich aus, wie man sich im 4. Jahrhundert die Haltung der Heiden den Christen gegenüber vorstellte, und dürfte weniger der Realität des 2. Jahrhunderts entsprochen haben.

Die Archäologie konnte zur Lösung dieses Problems nur wenig beitragen. Es gibt Zeugnisse für die Existenz eines großen Gebäudes aus römischer Zeit an der Stelle, an der sich heute die Grabeskirche befindet, eine genaue Datierung und Identifizierung aber scheint eher zweifelhaft, außer dass es sich um ein monumentales öffentliches Gebäude gehandelt haben dürfte. Die archäologischen Funde reichen also nicht aus, um mit Sicherheit die Existenz eines früheren Tempels auf der Stätte des Grabes belegen zu können.

Sieht man die Berichte von Eusebios und Hieronymus im Zusammenhang mit den Zeugnissen dieses römischen Gebäudes, dann kommt man schon weiter. In der Forschung deutet sich der Konsens an, Hadrian habe das Kapitol seiner neuen Kolonie, ob mit Absicht oder nicht, über der Stätte von Golgota und dem Grab errichten lassen. Das Kapitol der Kolonie war, ebenso wie das Kapitol von Rom, der Tempel der wichtigsten Gottheiten des Staates, der „kapitolinischen Trias“ Jupiter, Juno und Minerva. Dass ein solcher Tempel in Aelia existierte, legt schon der Name der Kolonie nahe: Aelia

Neben der unterirdischen Helenakapelle liegt die Kapelle des hl. Vartan. Auf einem Stein findet sich die Zeichnung des so genannten Jerusalemschiffs; es ist wahrscheinlich eines der frühesten Bilder, die Pilger in der Grabeskirche zurückgelassen haben.

(nach dem Familiennamen Hadrians) Capitolina, sowie die Tatsache, dass er auf Münzen auftaucht, die in der Stadt für Hadrian und seinen Nachfolger Antoninus Pius (138–161) geprägt wurden.

Ein Kapitol plante man stets auf einer Anhöhe mit Blick über die Stadt und das spiegelt auch die Platzierung des Kapitols in Rom wider. Von Golgota und der Grabstätte aus hatte man ebenfalls einen solchen Blick über die sich nach Osten erstreckende Kolonie. Die Überreste, die sich unter der Grabeskirche fanden, lassen sich in diesem Licht deuten, denn die Wände stützen eine hohe Terrasse, die Eusebios andeutet, wenn er beschreibt, die Pflasterung und der Erdboden hätten entfernt werden müssen. Die Existenz einer Aphrodite/Venus-Statue lässt sich leicht erklären, denn üblicherweise enthielten Kapitoltempel dieser Art noch weitere, weniger bedeutende Schreine, sodass die Statue einer Göttin auf der Spitze von Golgota, wie sie Hieronymus beschreibt, keineswegs undenkbar ist. Allerdings ist es wahrscheinlicher – und wäre auch angemessener –, dass es sich bei der Göttin um eine Statue der Tyche handelte, die neben dem Staatskult der Römer um Jupiter auch den regionalen Glückskult repräsentierte, das „Glück" von Aelia.

Für die Zeit zwischen 135 und 325–26 haben wir zwei zeitgenössische Zeugen dafür, dass die Stätte der Kreuzigung bekannt war: die Predigt *Peri Pascha,* („Über Ostern"), des Bischofs Melito von Sardeis, der Ende des 2. Jahrhunderts starb, und das *Onomastikon* von Eusebios, das wahrscheinlich in den Neunzigerjahren des 3. Jahrhunderts entstand.

Peri Pascha, ein dramatisches Werk in der Tradition der griechischen Rhetorik, entstand vermutlich zwischen 160 und 170 und plädiert dafür, die Passah-Erzählung von Exodus 12 im Licht Christi zu deuten, dem wahren Passah-Lamm, wodurch sich das jüdische Fest zum christlichen Osterfest wandelt. Nachdem Melito den Tod Jesu als Schlachtung des Passah-Lamms beschreibt, fragt er in der zweiten Hälfte dieser Predigt: „Und wo wurde er ermordet?" und antwortet: „Mitten in Jerusalem". Melito wiederholt seine Behauptung dreimal: „Ihr habt euren Herrn mitten in Jerusalem getötet" und fügt hinzu: „mitten auf der Straße und mitten in der Stadt". Melito verwendet das griechische Wort *plateia,* was „breite Straße" bedeutet, ein Wort, das im 2. Jahrhundert nach und nach im Griechischen und Lateinischen wie im heutigen Griechisch die Bedeutung von „Platz" annahm. Melito hatte offenbar erfahren, dass man den Ort der Kreuzigung zu dieser Zeit mitten in der Stadt vermutete (vielleicht ein Nachhall von Offenbarung 11,8, die gleichfalls das Wort *plateia* verwendet). Melito war in den Osten gereist, um den Kanon des Alten Testaments zu studieren, und erfuhr möglicherweise auf dieser Reise von dem Ort der Kreuzigung. Er muss gewusst haben, dass das Johannes-

Oben: *Porträt Kaiser Hadrians auf einer Bronzemünze aus Anlass von Hadrians Besuch in Judäa 130–31. Israel Museum, Jerusalem.*

Unten: *Römische Münze mit einer symbolischen Darstellung der Gründung von Aelia Capitolina durch Hadrian, um 130–38. Israel Museum, Jerusalem.*

evangelium, das er wiederholt zitiert, die Hinrichtung in die Nähe der Stadt platzierte, also vor die Tore der Stadt (19,20), und dass das auch aus den anderen Evangelien hervorgeht. Es gab also einen Widerspruch zwischen diesen Berichten und der Stelle, die er so betont. Seine Wahl des Ortes macht seine Predigt noch aufregender: Wir dürfen nicht unsere heutige Vorliebe für genaue topographische Angaben auf die damalige Zeit übertragen. Wesentlich war und ist, dass zu Melitos Zeit die Stätte ausdrücklich in die Stadt platziert wurde, und zwar mitten auf eine breite gepflasterte Straße beziehungsweise einen Platz.

Gegen Ende dieser Periode zwischen 135 und 325–26 gibt es noch einen weiteren zeitgenössischen Zeugen dafür, dass sich ein Wissen um die Stelle erhalten hatte, an der Christus gekreuzigt wurde. In seiner Beschreibung der Entdeckungen der Jahre 325–26 und der Bauwerke, die Konstantin errichten ließ, erwähnt Eusebios Golgota nicht, doch in seinem *Onomastikon* findet sich ein Eintrag zu Golgota: „‚Ort eines Schädels', wo Christus gekreuzigt wurde, der sich in Aelia nördlich des Berges Zion zeigte."

Diese Lokalisierung von Golgota in der römischen Kolonie Aelia spiegelt die Aussage Melitos wider, dass man von einem Ort der Kreuzigung innerhalb der Stadt ausging. Das überrascht umso mehr, als Eusebios hier das griechische Wort *deiknytai* mit der Bedeutung „sich zeigt", „sich findet" verwendet, was eindeutig impliziert, dass etwas zu sehen war. Der Gipfel des Felsens von Golgota ragte möglicherweise im Hof des römischen Tempels sichtbar als Sockel der Kultstatue zu Ehren der Venus (oder der Tyche) empor, die an dieser Stelle errichtet worden war. Dies bleibt aber lediglich eine Vermutung. Wichtig ist, dass der Ortsname Golgota ein entscheidender Anhaltspunkt war, an dem sich die Ausgrabungen orientierten, die schließlich zur Freilegung Golgotas und der Entdeckung des Grabes führten.

Konstantin der Große und der Bau der Kirche 325–335 n. Chr.

Am 28. Oktober 312 besiegte Kaiser Konstantin seinen Rivalen Maxentius, der Kaiser von Italien und Afrika war, in der Schlacht an der Milvischen Brücke vor den Toren Roms. Konstantin kämpfte unter dem Zeichen des Kreuzes gemäß den Weisungen, die er in der vorangegangenen Nacht in einem Traum erhalten hatte, und schrieb seinen Sieg dem Christengott zu. Ein Jahr darauf einigten sich Konstantin, inzwischen ranghöchster Augustus im Westen, und Licinius, der als Mitkaiser im Osten herrschte, auf eine Politik der Toleranz und Freiheit des religiösen Glaubens für alle. Mit dem „Frieden der Kirche", wie er im so genannten Toleranzedikt von Mailand festgesetzt wurde, endeten die Christenverfolgungen und die unter Diokletian enteigneten Besitztümer ihrer Kirchen wurden zurückgegeben.

Zwölf Jahre danach (324) besiegte Konstantin seinen Mitkaiser in der Schlacht von Chrysopolis. Als alleiniger Herrscher über die römische Welt sah sich Konstantin nun zunehmend mit der göttlichen Mission betraut, ein christliches Reich zu gründen. Ein solches Reich erforderte eine neue christliche Hauptstadt. Keine sechs Wochen nach seinem Sieg bei Chrysopolis zog Konstantin persönlich bei der Einweihung der neuen Stadt – Konstantinopel – die Umrisse für ihre Mauern.

Im darauf folgenden Jahr (325) berief Konstantin in Nicäa (dem heutigen Iznik) ein Konzil zur Schlichtung des arianischen Streites um die Gottgleichheit Christi. Vermutlich beauftragte der Kaiser auf diesem Konzil den Bischof von Jerusalem Makarios (314–33), nach dem Grab Christi suchen zu lassen, das unter der Terrasse des von Hadrian in der heidnischen Kolonie Aelia Capitolina errichteten Tempels verborgen war. Eusebios berichtet in seiner *Vita Constantini,* die Stelle sei mit Steinen und Holz zugeschüttet gewesen. Als das Geröll beseitigt war, „trat entgegen allen Erwartungen das verehrte und allerheiligste Zeugnis der Auferstehung unseres Erlösers selbst zutage", das heißt, das Grab, in dem der Leichnam Jesu gelegen hatte und aus dem er von den Toten auferstanden war. Die Formulierung „entgegen allen Erwartungen" sollte man wohl wörtlich nehmen. Der Orientierungspunkt war Golgota, der wohl sichtbar war oder zumindest ausfindig gemacht werden konnte. Weder Eusebios in seinem *Onomastikon* noch Melito in seinem *Peri Pascha* erwähnen das Grab, aber aus den Evangelien geht hervor, dass Kreuzigungsstelle und Grab nicht weit voneinander entfernt lagen. Dennoch war das Grab nahezu zweihundert Jahre lang nicht sichtbar gewesen, und Makarios und Eusebios hatten zwangsläufig nur wenig Grund zu der Annahme, dass es die Zeiten überdauert haben und tatsächlich gefunden werden könnte.

Was genau gefunden worden war, ist denn auch nicht ganz eindeutig. Eusebios spricht lediglich von einer „Grotte", Kyrill (Bischof von Jerusalem von etwa 351 bis 386) hingegen, der möglicherweise als Knabe beobachtet hatte, wie das Grab freigelegt wurde, liefert in seinen Katechesen, die er 348 oder 350 hielt, weitere Details. Ursprünglich war vor dem Eingang zum Grab ein Platz aus dem Felsen gehauen worden; dieser war abgeschlagen worden, um Raum für den kaiserlichen Prunkbau zu schaffen. Dieser ausgehöhlte Platz dürfte ein in den Felsen gehauener, offener, dachloser oder halb überdachter Vorplatz beziehungsweise eine Vorkammer gewesen sein, wie man es oft bei jüdischen Gräbern dieser Zeit in der Jerusalemer Gegend findet, worauf Kyrill selbst hinweist. Als Kyrill

Salbfläschchen mit der Darstellung des Grabbaus unter der Rotunde. Solche Flaschen wurden Pilgern vermutlich als Erinnerung an ihren Besuch im Heiligen Land verkauft.

Kaiser Konstantin und seine Mutter Helena halten das heilige Kreuz, das Helena der Überlieferung zufolge in Jerusalem fand; Ausschnitt aus einem Wandmosaik aus dem 11. Jahrhundert. Hosious Loukas Kloster, Griechenland.

seine Reden hielt, lag der Stein, der das Grab verschlossen hatte, noch immer vor dem Eingang, und ein Teil davon wird bis heute im Altar der Engelskapelle im Grabbau aufbewahrt.

Eusebios gibt keinen Grund an, warum er so zuversichtlich die derart freigelegte Grotte als „Zeugnis der Auferstehung des Erlösers" identifiziert. Es war keinesfalls gewiss, dass es sich um das in den Evangelien genannte Grab handelte. Unter mehreren freigelegten Gräbern mag dieses eine dem Grabtyp entsprochen haben, der in den Evangelien beschrieben wird, und da es sich unweit von dem als Golgota identifizierten Felsen befand, wurde es sogleich als authentisch akzeptiert. Es kann aber mehrere solcher Gräber gegeben haben. In der Zeit zwischen der Kreuzigung und der Errichtung von Hadrians Bauwerken könnte das Grab zugänglich und – vor allem bis zum Jahr 70 – auch als solches markiert gewesen sein. Vielleicht mit eingeritzten oder gemalten Graffiti, die 325–26 immer noch lesbar waren und bei denen, die das Grab identifizierten, keinerlei Zweifel hinterließen. Graffiti sind ja auch die frühesten Hinweise für die Identifikation des Grabes Petri, über dem der Petersdom errichtet wurde. Graffiti oder Spuren von Graffiti könnten auf dem Grab in Jerusalem, das in dem heutigen Grabbau verborgen liegt, die Zeiten überdauert haben.

Kurz nach der Entdeckung schrieb Eusebios in seiner *Theophanie*, wie erstaunt er war, dass man nun den Felsen mit dem Grab „aufrecht und allein in einem ebenen Gelände mit nur einer einzigen Grotte" sehen konnte. Kyrill fügte hinzu, dass im Lauf der Bauarbeiten die Vorkammer abge-

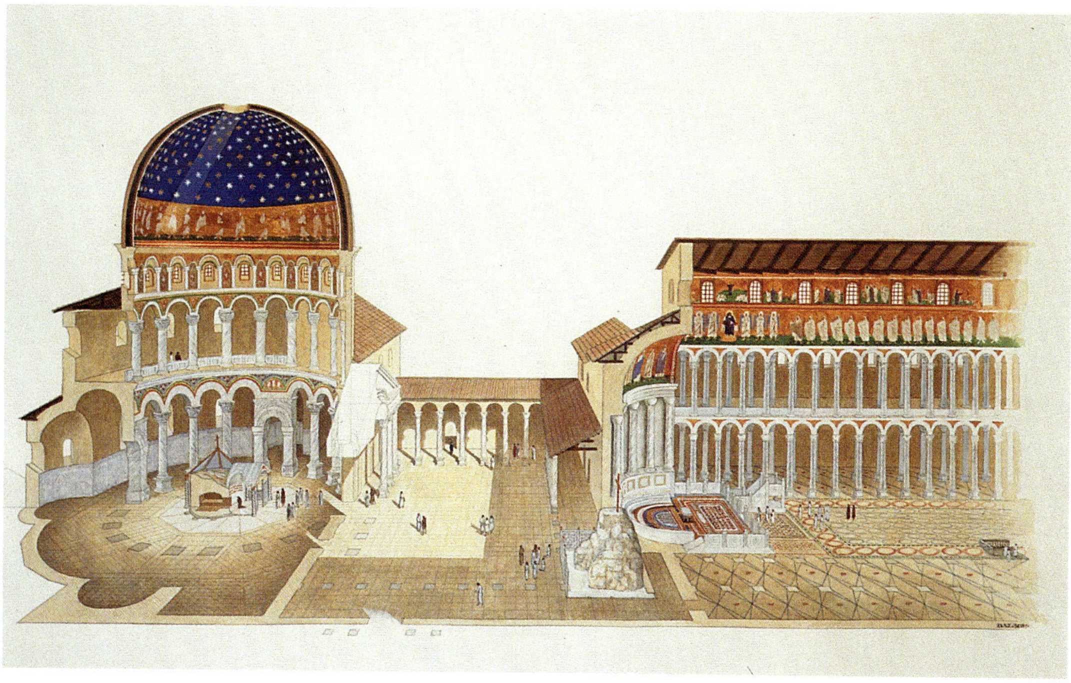

Modell der Kirche Konstantins. Der riesige Bau wurde 335 geweiht und bestand aus drei Bereichen: a) einer Basilika mit Namen Martyrion *(Zeugnis) mit einem Mittelschiff, einer gewaltigen Apsis und je zwei Seitenschiffen auf beiden Seiten des Mittelschiffs; b) einem Innenhof (Atrium) östlich der Basilika, der auf drei Seiten mit Säulen versehen war. Der Kalvarienberg (Golgota) befand sich etwa in der südöstlichen Ecke des Hofes; c) einem monumentalen Rundbau, der so genannten Rotunde bzw.* Anastasis *(Auferstehung), die über dem Heiligen Grab errichtet wurde.*

schlagen worden sei. Aus diesen Berichten wird ersichtlich, dass der Fels (der sich nach Osten neigte, wie wir aus neuzeitlichen Analysen der Felsoberfläche unter dem Boden der Rotunde wissen) so weit abgetragen worden war, dass nur noch der Felsen, der die Grabkammer enthielt, als einzelner Block aus dem Boden hervorragte. Dieses nunmehr frei stehende Gebilde ließ Konstantin „mit vorzüglichen Säulen und üppigen Ornamenten verzieren und so die feierliche Grotte mit Kunstwerken aller Art ausschmücken".

Im Wesentlichen errichtete Konstantin ein „kleines Haus", weshalb dieser häufig als Grabkapelle bezeichnete Bau auch gelegentlich nach dem lateinischen *aedicula* (kleines Haus) genannt wurde. Dieser Grabbau und der das Grab umgebende Felsen schützten die freigelegte Felsgrabkammer. Konstantins Grabbau bestand aus zwei Teilen. Vorn lag anstelle des Vorhofs ein Vorraum aus vier Säulen mit einem Ziergiebel und einem Giebeldach. Dahinter befand sich die Grabkammer, die von allen Seiten vom Felsen freigelegt worden war. Sie hatte eine runde beziehungsweise polygonale Grundform, war mit Marmor verkleidet und mit fünf Säulen mit halb vorragenden Sockeln und Kapitellen verziert; darüber thronte ein kegelförmiges Dach aus spitz zulaufendem Paneel, gekrönt von einem Kreuz. Diese Details wurden später von Pilgern beschrieben und finden sich auch auf zahlreichen zeitgenössischen Darstellungen wie etwa dem bemalten Deckel einer Reliquienschachtel in der Laterankirche von Rom oder den Zinnflaschen von Monza und Bobbio, vor allem aber in der eindrucksvollen Replik aus pyrenäischem Marmor aus dem 5. Jahrhundert in Narbonne in Südwestfrankreich.

Die Entdeckung und Ausschmückung des Grabes war nur ein kleiner, wenn auch der bedeutendste Teil dessen, was Konstantin an den Stätten der Passion Christi und seiner Auferstehung bauen ließ. Seine Gebäude umfassten eine fünfschiffige Basilika, eine große Rotunde über dem Grabbau, Höfe und Portiken. Eusebios zitiert in seiner *Vita Constantini* aus einem Brief des Kaisers selbst an Makarios, den Bischof von Jerusalem: Er habe die Bauten und die Ausschmückung des gesamten Komplexes Dracillianus anvertraut, seinem Vertreter im Osten, sowie dem Statthalter von Palästina. Gemeinsam sollten diese beiden bedeutenden Beamte Künstler und Handwerker und alles, was Makarios benötige, zur Verfügung stellen. Säulen und Marmor würden auf kaiserlichen Befehl aus allen erdenklichen Quellen beschafft, denn es sei „recht, dass der wunderbarste Ort würdig ausgeschmückt" werde. Späteren Quellen zufolge war der Architekt Zenobius; diesem stand der Priester Eustathius beiseite, dessen Aufgabe es war, sich mit dem Klerus und den Asketen von Jerusalem über die liturgische Funktion zu einigen, der das Bauwerk dienen sollte. Beide stammten aus Konstantins neuer Resi-

Bildrekonstruktion des Grabbaus Konstantins. Der Bau bestand aus zwei Teilen: Im Vordergrund befand sich ein Vorbau aus vier Säulen, einem Ziergiebel und einem Giebeldach. Dahinter lag die Grabkammer, die auf allen Seiten vom Felsgestein freigelegt war. Die Grabkammer hatte eine runde oder polygonale Außenform und ein von einem Kreuz gekröntes, kegelförmiges Dach. Das Innere war mit Marmor verkleidet; auf halb vorstehenden Sockeln standen kostbare Säulen mit Kapitellen.

denzstadt Konstantinopel und beide waren vermutlich Mitglieder des kaiserlichen Gremiums, das diese Stadt aus der Taufe gehoben hatte.

Schon früh während der Bauarbeiten unternahm Kaiserin Helena, die Mutter Kaiser Konstantins, 327–28 eine Reise in die östlichen Provinzen einschließlich Palästina. Sie dürfte die Bauarbeiten in Jerusalem besichtigt haben und steuerte vermutlich Geld- und Sachmittel aus der kaiserlichen Schatulle bei, doch die Initiative zum Bau der Kirchen ergriff ihr Sohn, nicht sie. In seiner *Vita Constantini* bringt Eusebios ihren Namen mit der Geburtskirche in Betlehem und dem Ölberg in Verbindung, schreibt ihr aber keinerlei Rolle bei den Bauarbeiten um Golgota zu. „Wenn die historischen Quellen auch schweigen, so fand es die mündliche Überlieferung ausgeschlossen, sie auszulassen" (Hunt). Fünfzig Jahre danach erfuhr die Pilgerin Egeria, Helena habe einen wichtigen Beitrag zur Ausgestaltung aller Kirchen Konstantins im Heiligen Land geleistet. Im Verlauf von Konstantins Bauarbeiten am Golgota fand sich Holz, das als Teil des heiligen Kreuzes identifiziert wurde. Das war möglicherweise bereits in einem sehr frühen Stadium, als die Tempelterrasse entfernt wurde und Eusebios selbst die Entdeckung des Holzes ohne Kommentar vermerkt. Bischof Kyrill, der sehr viel zu diesen Reliquien zu sagen hat, schreibt deren Entdeckung allerdings nirgends Helena zu, wie Hunt in einer jüngst erschienenen Studie formuliert: „Helena realisierte das öffentliche Programm einer christlichen Regierung, die körperliche Gestalt in dem Bau und der Ausschmückung der Kirchen annahm. Im Grunde ... spiegelten ihr Aufenthalt in Jerusalem und die Bauwerke dort den Ruhm der christlichen Herrschaft wider, die sie mit ihrem Sohn und ihren Enkeln teilte."

Das Mosaik von Madaba in Jordanien mit der Karte von Jerusalem enthält eine anschauliche Darstellung der Kirchenbauten Konstantins. Aus der Vogelperspektive betrachtet bilden die Bauwerke eine Linie vom säulenbestückten *Cardo* aus, der Hauptstraße des römischen und byzantinischen Jerusalem. Sie bestehen aus dem imposanten Eingang, einem großen Gebäude mit Giebeldach, der fünfschiffigen Basilika, die später den Namen Martyrion erhielt, und am westlichen Ende aus einer großen Kuppel, die sich hoch über die anderen Bauwerke erhebt. Aus Sicht des Besuchers, der den Bezirk von der Straße her betritt, kommt zunächst eine Treppe, dann führen drei Tore zu einem großen Atrium. Der größte Teil dieses Bereichs wurde durch spätere Bauten verdeckt, aber Fragmente des Eingangs sind immer noch zu sehen. Auf der hinteren Seite des Atriums führten drei weitere Türen zum Hauptschiff und zu den Seitenschiffen des Martyrion. Die Basilika war „ein außergewöhnlicher Bau von gewaltiger Höhe und Breite", wie Eusebios uns in der Predigt berichtet, die er anlässlich der Einweihung 335 hielt. Das große rechteckige Gebäude mit einer Grundfläche von etwa 40 mal

Zeugnisse aus byzantinischer Zeit im russisch-orthodoxen Hospiz.

58 Metern bestand aus einem Hauptschiff und zwei Seitenschiffen. Die Seitenschiffe wurden von Säulen und quadratischen Pfeilern gesäumt, darüber befanden sich Galerien. Das Hauptschiff hatte ein bleiernes Giebeldach, das von hölzernen Dachsparren getragen wurde. Die Decken des Hauptschiffs und der Seitenschiffe bestanden aus goldenen Kassetten. Konstantin selbst schlug eine mit Gold verzierte Kassettendecke vor, und Eusebios schrieb, sie habe sich „wie ein weites Meer" erstreckt (wie auch die Decke der um 1500 entstandenen Santa Maria Maggiore in Rom). Der Altar befand sich am westlichen Ende der Basilika, dem „Haupt des Ganzen", Golgota und dem Grab am nächsten gelegen; über ihm thronte eine Halbkugel (Apsis) „die von einem Ring aus zwölf Säulen getragen wurde entsprechend der Anzahl der Apostel des Erlösers, die oben mit großen silbernen Schalen verziert waren, die der Kaiser selbst seinem Gott als herrliches Geschenk darreichte". Das Zentrum der Apsis lag nicht über dem Grab selbst, sondern über der Stelle, von der man später annahm, hier sei das heilige Kreuz gefunden worden. Aufgrund des Namens, den man der Basilika gab, Martyrion, das „Zeugnis", geht die Wissenschaft heute davon aus, die Basilika sei zu Ehren des Kreuzes erbaut worden, des „Zeichens jener heiligsten Passion", wie Konstantin selbst in seinem Brief an Bischof Makarios formuliert haben soll. Wenn das stimmt, dann pries Konstantins Gebäude innerhalb eines einzigen Baukomplexes die drei heiligsten Stätten überhaupt: die Stelle der Kreuzigung, die Stelle der Auferstehung und die Stelle der Auffindung des heiligen Kreuzes.

Von der ursprünglichen Basilika sind lediglich einige Grundmauern und die unteren Fundamente erhalten. Ein Teil der ursprünglichen Apsis wurde im Lauf der Ausgrabungen beim Katholikon zutage gefördert. Dicke Wände wurden bei Ausgrabungen in der Krypta der hl. Helena freigelegt. Ein polierter Stein, der unweit dieser Stelle entdeckt wurde, weist die plumpe Zeichnung eines Schiffs samt der lateinischen Inschrift „Herr, wir sind gegangen" auf. Möglicherweise stammen Inschrift und Bild von christlichen Pilgern, die die Stätte während der Bauarbeiten an der Kirche besuchten.

Ging der Pilger durch die Türen an beiden Seiten der Apsis der Basilika weiter nach Westen, dann erreichte er einen von einem Säulengang umgebenen quadratischen Hof. In der südöstlichen Ecke ragte der Fels von Golgota, der Kalvarienberg hoch empor. Hier stand bis zum frühen 5. Jahrhundert unter freiem Himmel ein großes, mit Gold und Edelsteinen verziertes Kreuz. Auf der gegenüberliegenden Seite dieses „Hofs vor dem Kreuz" lag der Eingang zur riesigen Rotunde, die mit ihrer Kup-

Die älteste bekannte Karte Jerusalems mit Orten des Heiligen Landes ist Teil eines Bodenmosaiks in Madaba im heutigen Jordanien. Die Karte aus dem 6. oder 7. Jahrhundert zeigt die Stadt nach dem Bau des Cardo (der von Säulen gesäumten Hauptstraße), der zur Zeit Kaiser Justinians angelegt wurde. Die Grabeskirche, die den Mittelteil der Karte beherrscht, befindet sich, auf den Kopf gestellt, unterhalb des Cardo.

pel den Grabbau über dem Felsengrab überdeckte. Die Kuppel ist auf der Karte von Madaba deutlich zu sehen und auch wenn in Zweifel gezogen wurde, dass sie unter Konstantin tatsächlich fertig gestellt wurde, so ist es doch sehr unwahrscheinlich, dass der Kaiser sein Werk nicht mit dem Bau einer Rotunde mit Kuppel über dem eigentlichen Teil, dem Grab, vollendet hätte, das Eusebios als „Haupt des Ganzen" beschreibt, „ein Grab voll uralter Erinnerung, in dem sich die Trophäen für den Sieg des Erlösers über den Tod befinden, ein Grab von göttlicher Gegenwart".

In einigen Teilen hat sich die Außenwand der Rotunde auf dem Grundgestein bis zu einer Höhe von mehr als zehn Metern erhalten. Die Innenwand war rund, die Außenwand polygonal. Die Wand hatte drei große Apsiden, die jeweils durch ein Bogenfenster erhellt wurden. Die Innenwand war mit Marmortafeln verkleidet.

Als das Martyrion 335, zwei Jahre vor dem Tod des Kaisers, fertig gestellt worden war, sollte es seinem Willen nach alle anderen Kirchen übertreffen, wenn nicht an Größe, so doch durch die üppige Marmorauskleidung und die reiche Ausstattung. Der ganze Komplex, der später den Namen Grabeskirche erhielt, dürfte im Hochstil der spätrömischen Architektur gehalten gewesen sein, doch da die Bauten zum größten Teil längst nicht mehr vorhanden sind, haben wir nur wenig Material, um uns ein richtiges Bild von ihr zu machen. Die Ädikula über dem Grab war, nach dem Modell von Narbonne zu schließen, offenbar einem Bauwerk nachgebildet, das dem Rundtempel von Baalbek im Hochtal Al-Beqa sehr ähnlich war, und diesem Niveau kaiserlicher Bautätigkeit und Ausschmückung dürfte der gesamte Baukomplex entsprochen haben.

Konstantins große Basilika wurde vermutlich am 13. September 335 geweiht – ein Ereignis, das immer noch jedes Jahr mit achttägigen Feierlichkeiten begangen wird, zu denen auch das Fest der Erhöhung des Kreuzes am 14. September (dem 27. September im Gregorianischen Kalender) gehört. Der 13. September „fällt zusammen mit jenem alten römischen Fest des Jupiter Optimus Maximus, ... der Hauptgottheit von Hadrians Aelia Capitolina, die jetzt durch die Enthüllung von Christi Grab und den Bau des neuen Jerusalem ersetzt wird". Hunt ist der Meinung, dass Konstantin dies als „betonte Anspielung auf die Vertreibung der heidnischen Götter" im Sinn hatte. Es ist zugleich auch ein eindringliches Indiz dafür, dass es sich bei den durch Konstantins Bauwerk zerstörten und ersetzten römischen Gebäuden tatsächlich um den Kapitoltempel der römischen Aelia handelte.

Pilgerfahrten und der Kampf ums Überleben 335–1009

Während den folgenden beiden Jahrhunderten bewahrte die Grabeskirche ihren ursprünglichen Prunk. In jener Zeit wurden in ganz Palästina grandiose Kirchen mit herrlichen Mosaikböden errichtet; einer dieser Böden befindet sich in Madaba (im heutigen Jordanien) und vermittelt den lebendigen Eindruck davon, wie sich die Grabeskirche den ersten Pilgern darbot. Einige dieser ersten Pilger waren Damen von hohem Stand wie die Kaiserin Helena persönlich, die gleich zu Beginn der Bauarbeiten kam, oder die Kaiserin Athenais Eudokia, die Gemahlin von Theodosius II. (401–50), die sich im Frühjahr 438 auf Wunsch ihres Gatten auf eine Pilgerfahrt begab. Als gebildete und weltoffene byzantinische Adelige bedachte sie die Kirchen auf ihrer Reiseroute mit reichen Geschenken und in Jerusalem wohnte sie vor dem Nordtor der Stadt der Weihe einer neuen Kapelle bei, die die Gebeine des hl. Stephan beherbergte. Sie muss die Grabeskirche mit großem Hofstaat besucht und großzügige Geschenke verteilt haben, leider aber wissen wir darüber nichts. Zwei Jahrzehnte zuvor hatte ihr Gatte Theodosius auf dem Kalvarienberg ein großes, reich mit Edelsteinen besetztes Kreuz errichten lassen. Auf seine Goldmünzen wurde das Kreuz geprägt, getragen von einer Victoria. Auf Münzen von Tiberios I. Konstantinos (578–82) und seinen Nachfolgern ist das Kreuz auf einer Reihe von Treppen abgebildet, die den Hügel von Golgota darstellen.

Ausschnitt aus der Karte von Madaba mit der Grabeskirche. Auf der Karte sind deutlich einige Treppen vor der Fassade der Basilika zu sehen. Über dem Dach der Basilika erhebt sich die Kuppel der Rotunde.

Es waren vor allem Pilger niedrigeren Ranges, die uns berichten, was sie sahen. Der erste uns bekannte kam 333 aus Bordeaux, als sich die Grabeskirche noch im Bau befand. Er erwähnt den kleinen Hügel Golgota, „... wo der Herr gekreuzigt wurde, und einen Steinwurf entfernt die Grotte, in die sie seinen Leichnam legten und von der aus er am dritten Tag wieder auferstand. Auf Anordnung von Kaiser Konstantin wurde dort nun eine Basilika errichtet, das Haus des Herrn, daneben Zisternen von wunderbarer Schönheit und am Rand ein Bad, in dem Kinder getauft werden."

Diese Beschreibung ist enttäuschend kurz und wenig detailliert, dafür werden die Zisterne und das Baptisterium erwähnt, von denen wir sonst nirgends erfahren.

Sehr viel informativer war der Bericht einer Pilgerin aus dem äußersten Westen namens Egeria, einer frommen Dame aus Galizien, die 381–84 drei Jahre im Heiligen Land verbrachte. Zu dieser Zeit hatte sich das große Fest, das an die Weihe von Konstantins Basilika im September 335 erinnerte, in Jerusalem bereits zu einem festen Bestandteil des Kirchenjahrs entwickelt. Egeria beschreibt die besondere Liturgie dieses Festes, bricht aber nach den ersten beiden der acht Tage ab. Davor zeichnet sie uns ein einzigartiges Bild von den täglichen Gottesdiensten in der Grabeskirche gerade einmal ein halbes Jahrhundert nach ihrer Errichtung. Sie beschreibt, wie die Tore der Anastasis, der Rundkirche um das Grab, noch vor dem ersten Hahnenschrei geöffnet wurden und die Menschen die Kirche betraten, um zu singen und zu beten, bis der Bischof im Morgengrauen mit dem Klerus eintraf. Der Bischof stieg in das Grab und sprach hinter der „Schranke" vom Säulengang des Grabes aus die ersten Gebete und segnete die Gläubigen. Egeria war fasziniert von dem Bauwerk und seinem Schmuck: „Die Dekorationen sind so wunderbar, dass sie mit Worten nicht zu beschreiben sind. Überall sieht man Gold und Edelsteine und Seide; die Wandbehänge sind ganz aus Seide mit Goldstreifen, desgleichen die Vorhänge, und alles, was man für die Gottesdienste beim Fest benötigt, ist aus Gold und Edelsteinen. Man kann sich nicht vorstellen, wie viele es sind und wie schwer allein die Kerzen und Leuchter und Lampen sind und alles andere, das sie für die Gottesdienste verwenden."

Egeria beschreibt sodann die Gottesdienste, die jeden Wochentag in der Anastasis (beim Grab) und beim Kreuz (auf Golgota) abgehalten wurden. Am Sonntag begannen die Gottesdienste in der Anastasis vor Morgengrauen und wurden beim Kreuz fortgesetzt. Bei Tagesanbruch versammelten sich die Menschen in der Basilika, dem Martyrion, zum Hauptgottesdienst der Woche, bei dem ein oder mehrere Priester beteten und der Bischof eine Predigt hielt. Der Gottesdienst dauerte bis in den Vormittag hinein, danach kehrte man in die Anastasis zurück, um Gott zu danken und zu beten; hier beschloss der Bischof den Gottesdienst mit einem Segen. Zum Abschied küssten ihm alle die Hand.

Weiterhin schildert Egeria die anderen Feste des Kirchenjahres: vom Fest der Epiphanie, der Erscheinung des Herrn, am 6. Januar über die Osterwoche (und die Vorbereitung der Täuflinge) bis zum Ende des Kirchenjahres. Eine der bewegendsten Beschreibungen betrifft den Karfreitag: „Es ist eindrucksvoll, wie die Menschen alle durch diese Lesungen bewegt werden und wie sie trauern. Es ist kaum zu glauben, wie jeder Einzelne von ihnen die drei Stunden hindurch weint, Alt und Jung gleichermaßen, über die Art, wie der Herr für uns gelitten hat."

Nur wenige weitere Pilger schrieben nieder, was sie sahen und taten, und noch viel weniger solcher Berichte sind uns erhalten. Aber die Pilger müssen zu Tausenden gekommen sein. Es entstand eine regelrechte Industrie, um sie mit Andenken an die heiligen Stätten zu versorgen: Zinnmedaillons, Zinnflaschen für das heilige Öl vom Grab wie die erhaltenen Flaschen in Monza und Bobbio, Holzschachteln mit bemalten Deckeln sowie Felssplitter und Erde vom Grab, von Golgota und anderen heiligen Stätten. Eine solche Schachtel ist erhalten geblieben und kann heute im Museo Sacra der Biblioteca Apostolica Vaticana bewundert werden. Es dürfte für die Pilger auch Modelle der Kirche oder zumindest einzelner Teile von ihr zu kaufen gegeben haben. Nichts davon ist erhalten, aber ein solches Modell muss die Vorlage für die Kopie des Grabbaus gewesen sein, der mit einer Höhe von 1,24 Metern in pyrenäischen Marmor geschnitzt ist und heute im Musée d'Art et d'Histoire in Narbonne in Südwestfrankreich aufbewahrt wird. Da das Modell aus heimischem Marmor besteht, kann es nur auf Zeichnungen oder – wahrscheinlicher noch – auf einem aus Palästina mitgebrachten Modell basieren. Die meisten erhaltenen Zeugnisse dafür, wie die Kirche aussah, beziehen sich auf den Grabbau, einige auf Golgota und das Kreuz, wie wir Münzen und Tonflaschen entnehmen können. Für die Kirche insgesamt, die Rotunde der Anastasis und das Martyrion, haben wir lediglich das große Bild im Mosaik von Madaba und einige archäologische Funde der Grundmauern und Wände, die uns erlauben, den Plan und vielleicht sogar das Aussehen des gesamten Komplexes zu rekonstruieren.

Nahezu zwei Jahrhunderte ununterbrochener Gebete und Gottesdienste fanden im Jahr 614 ein grausames Ende. Zwei Jahre zuvor waren die Perser in das Byzantinische Kaiserreich eingefallen, hatten Antiochia und Damaskus erobert, griffen 614 Palästina an und eroberten Jerusalem. Drei Tage lang ließ der persische Befehlshaber die Stadt plündern: „... wer kann beschreiben, was in Jerusalem und in den Straßen geschah? ... Die Menschen flohen massenweise zu den Kirchen und Altären; dort vernichteten die Perser sie. ... Wer auch immer bewaffnet ergriffen wurde, wurde mit seinen eigenen Waffen ermordet. ... Heilige Kirchen wurden in Brand gesetzt, andere zerstört, majestätische Altäre kippten um, heilige Kreuze wurden mit Füßen getreten, Leben spendende Bilder wurden von den Unreinen bespien. Ihr Zorn richtete sich gegen Priester und Diakone; sie erschlugen sie in ihren Kirchen wie stumme Tiere. ... Wie viele flohen in die Kirche der Anastasis, in die von Zion und andere Kirchen und wurden dort massakriert und vom Feuer verschlungen! Wer vermag die Massen von Leichnamen jener zu zählen, die in Jerusalem massakriert wurden!"

Auch wenn Antiochos Strategos' Bericht über die Plünderung Jerusalems übertrieben klingt, so steht doch fest, dass viele Tausende niedergemetzelt und viele Tausende, darunter Zacharias, der Patriarch von Jerusalem, und Staurophylax, der Beamte, dem die Reliquie des heiligen Kreuzes anvertraut war, gefangen gesetzt wurden. Auch das heilige Kreuz, das seit der Zeit Konstantins in einer silbernen Schatulle aufbewahrt wurde und von der Kaiserin Helena zur Verfügung gestellt worden sein soll, wurde geraubt und ans andere Ufer des Euphrat geschafft. Als König Chosrau II. von Persien von diesen Vorgängen hörte, befahl er, die Gefangenen zu begnadigen und die Stadt wieder aufzubauen. Wie groß der Schaden war, ist schwer zu ermessen. Einige Kirchen waren niedergebrannt und wurden nie wieder aufgebaut, vermutlich waren alle geplündert und entweiht worden. Aber Modestus, der Abt von St. Theodosius vor den Toren Jerusalems, dem die Perser die Stadt anvertraut hatten, sicherte sich vom Patriarchen von Alexandria finanzielle Hilfe und konnte im Jahr 625 verkünden, dass alle Kirchen Jerusalems wieder instand gesetzt waren. Das war sicher übertrieben, lässt aber doch den Schluss zu, dass der Schaden nicht so gravierend war, als dass er nicht hätte wieder behoben werden können. Was vom Bau der Rotunde Konstantins erhalten blieb, legt ebenso wie die Beschreibung des Pilgers Arculf von der Grabeskirche (s. unten) die Vermutung nahe, dass die Bauwerke im Wesentlichen stehen geblieben waren, auch wenn sie aller Kostbarkeiten beraubt waren und neu überdacht werden mussten.

Im Jahr 622 schlug der byzantinische Kaiser Herakleios (610–614) zurück. Er griff das persische Reich in dem so genannten letzten Krieg der Antike an, eroberte die verloren gegangenen Provinzen zurück, drang in Persien ein und erlangte die Reliquie des heiligen Kreuzes zurück. Im März 630 brachte sie Herakleios selbst barfuß und in ärmlicher Kleidung in einer feierlichen Prozession zurück nach Jerusalem. Heute noch feiern die orthodoxen Christen im Fest der Kreuzverehrung die Rückkehr des heiligen Kreuzes in Jerusalem jedes Jahr am dritten Sonntag vor Ostern.

Vier Jahre später überrannten die muslimischen Armeen Palästina und im Jahr 636 wurde der byzantinische Kaiser Herakleios in der Schlacht am Jarmuk besiegt. 638 musste Sophronios, der Patriarch von Jerusalem, die Stadt dem Kalifen Omar I. übergeben. Der Kalif garantierte den Christen Sicherheit für ihre Person, ihr Vermögen und ihre Kirchen und Klöster, aber wer blieb, musste Kopfsteuer entrichten. Als der Frieden ausgehandelt war, betrat Omar die Stadt. Der Herrscher der Gläubigen war wie ein gewöhnlicher Beduine gekleidet und ritt auf einem Kamel. Er bestand darauf, weder in der Anastasis noch im Martyrion zu beten, sondern er breitete seinen Gebetsteppich im Portikus am östlichen Ende des Atriums in unmittelbarer Nähe des *Cardo* aus. Nachdem er sein Gebet beendet hatte, soll der Kalif dem Patriarchen gesagt haben, dass seine Gefolgsleute, wenn er in der Anastasis oder im Martyrion gebetet hätte, diese Gebäude besetzt hätten. Noch lange danach befand sich hoch oben an der Wand am Ostende des Atriums eine Inschrift, die berichtet, der Kalif habe, angeblich um zu verhindern, dass die Muslime die Anastasis und das Martyrion stürmten, ihnen verboten, ihre Gebete an einer anderen Stelle zu entrichten als im Atrium, und das auch nur jeweils einzeln hintereinander. In arabisch-kufischer Schrift ist diese Inschrift auf einem Wandrest aus dem 10. Jahrhundert erhalten geblieben: „Im Namen des gnädigen und mitleidenden Gottes. Von der erhabenen Majestät. Es wird befohlen, dass dieser Masjid bewacht werde und dass keiner unter unserem Schutz ihn betreten darf, weder gegen Geld noch als Gegenleistung für irgendeinen anderen Grund."

Der Portikus war somit der individuellen und nicht der gemeinsamen Andacht vorbehalten. Vielleicht wurde deshalb der Haupteingang der Grabeskirche nach Süden verlegt, etwa an die Stelle, wo er sich auch heute befindet, während der östliche Portikus von da an für Christen verboten war.

Die nächsten vier Jahrhunderte hindurch wurde die Grabeskirche ständig und im Wesentlichen ohne Unterbrechung genutzt. Zahlreiche, wenn auch nicht mehr ganz so viele Pilger besuchten die ehrwürdige Stätte, und wie zuvor schrieben einige von ihnen auf, was sie sahen. Der informativste dieser Berichte stammt abermals aus dem äußersten Westen Europas. Arculf, Bischof von Gallien, hielt sich zwischen 679 und 682 in Jerusalem auf. Auf seiner Rückkehr in die Heimat trieb sein Schiff bei einem Sturm an die Küste Britanniens und von da gelangte er auf die Hebrideninsel Iona vor der schottischen Küste. Dort diktierte er Adomnan, dem Abt des Klosters von Iona, einen Bericht und zeichnete für ihn auf kleine Wachstafeln einige bemerkenswerte Pläne der heiligen Orte, unter anderem der Grabeskirche.

Das Heilige Jerusalem; Ausschnitt aus einem Mosaik in der Stephanskirche in Kastrom Mefaa (Umm ar-Resas), Jordanien.

Adomnan zeichnete sie später ab und nahm sie in ein Buch mit dem Titel *Über die heiligen Stätten* auf. Arculf hat uns durch Adomnan einen detaillierten Bericht und eine Planskizze der Grabeskirche hinterlassen, wie sie im späten 7. Jahrhundert aussah. Er beschreibt eine runde, über dem Grab Jesu errichtete Kirche, die er Anastasis nennt, was Auferstehung Christi heißt. Die Kirche habe zwölf gewaltige Säulen, drei konzentrische Wände und in der mittleren Wand drei Altäre in Nischen. Zwei weitere Altäre, einer vor dem Eingang zum Grab, der andere nach Osten ausgerichtet, seien aus Teilen des Steines gebaut worden, der nach Christi Grablegung gegen den Eingang des Grabes gerollt worden war (Matthäus 27,60; Markus 15,46). In der Mitte der runden Kirche befinde sich das Grab selbst – ein kleines, rundes, aus dem Fels gehauenes Gebäude, dessen Eingang nach Osten zeige. Das Äußere sei mit Marmor verkleidet und auf dem mit Gold verzierten Dach stehe ein großes goldenes Kreuz. Im Grab selbst, das nach Norden weise und aus demselben Felsen gehauen sei, sei eine einzelne Bank gewesen, auf die der Leichnam Jesu gelegt worden sei. Zwölf Öllampen entsprechend der Zahl der Apostel brennten Tag und Nacht über der Bank.

Die rechteckige Kirche zu Ehren Marias, der Mutter Jesu, lag Arculfs Bericht zufolge südöstlich von der runden Anastasis. Eine weitere Kirche, die Arculf als „sehr groß" beschreibt, wurde auf dem Kalvarienberg errichtet – Golgota. Ein großes, silbernes Kreuz markierte die Stelle, an der einstmals das Holzkreuz stand, an das Jesus geschlagen worden war. Darunter befand sich eine in den Fel-

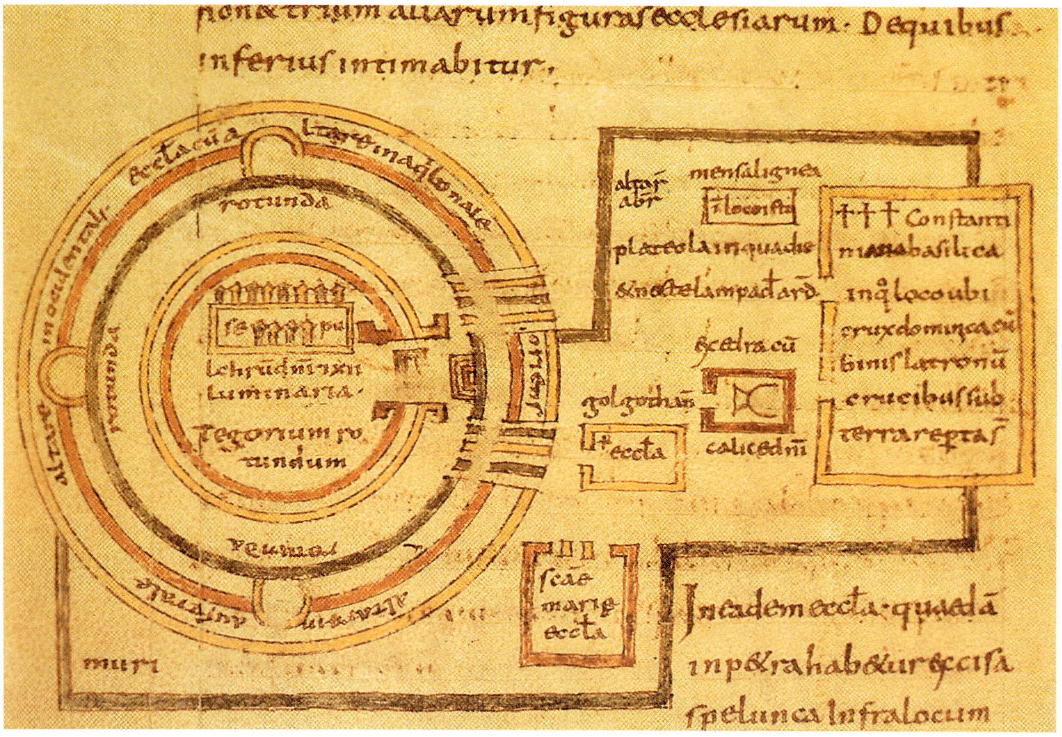

Ein schematischer Plan der Grabeskirche aus einer Handschrift aus dem 9. Jahrhundert mit Adomnans Wiedergabe von Arculfs Bericht über die heiligen Stätten im 7. Jahrhundert. In der Mitte des Plans liegt der Grabbau, der von der Rotunde mit ihren drei Apsiden umgeben ist.

sen gehauene Grotte mit einem Altar, auf dem die Messen für die Seelen hoch gestellter Persönlichkeiten abgehalten wurden.

Im Osten der Kirche von Golgota befand sich offenbar eine Kapelle, in der der Kelch aufbewahrt wurde, aus dem die Jünger beim Abendmahl getrunken hatten (Matthäus 26,27–29; Markus 14,23–25). Im Kelch lag ein Schwamm, der in Essig getaucht, auf einen Ysopzweig gesteckt und an Christi Mund gehalten worden war; dann „neigte er das Haupt und gab seinen Geist auf" (Johannes 19,29–30).

Weiter östlich stand die unter dem Namen Martyrion bekannte Basilika, die Kaiser Konstantin an der Stelle erbauen ließ, an der das Kreuz Jesu zusammen mit den Kreuzen der beiden Verbrecher entdeckt worden war. Im Portikus der Basilika wurde die Lanze aufbewahrt, mit der der Soldat Jesus am Kreuz in die Seite stach (Johannes 19,34).

Zwischen Konstantins Basilika und der Anastasis befand sich ein offener Hof, in dem Tag und Nacht Lampen brannten. Ein großer Holztisch stand in der nordöstlichen Ecke des Hofs an der Stelle, an der Arculf zufolge der Patriarch Abraham einen Altar für die Opferung seines Sohns Isaak aufgestellt hatte (Genesis 22,1–19).

Der Angelsachse Willibald (700–786), der spätere Bischof von Eichstätt in Bayern, besuchte das Heilige Land zwischen den Jahren 724 und 730 und diktierte später eine Beschreibung der Stelle des Kreuzes und vor allem des aus dem Felsen gehauenen heiligen Grabes mit dem Grabbau darüber. Darin heißt es:

„Und innen ist eine Bank, auf dem der Leichnam des Herrn lag. Fünfzehn goldene Schalen stehen auf der Bank. Sie sind mit Öl gefüllt und brennen Tag und Nacht. Die Bank, auf dem der Leichnam des Herrn lag, befindet sich im Felsengrab auf der nördlichen Seite, d.h. auf der rechten Seite, wenn man das Grab zum Gebet betritt. Außerdem liegt vor dem Grabeingang ein großer rechteckiger Stein wie der ursprüngliche Stein, den der Engel vom Grabeingang beiseite rollte."

Aus den Jahrhunderten nach dem Angriff der Perser und der Eroberung durch die Araber liegen uns nur wenige Aufzeichnungen und Zeugnisse von Pilgern vor, vielleicht weil die christliche Gemeinde in Jerusalem stark geschrumpft war und von der Pilgerindustrie früherer Jahrhunderte nichts mehr übrig geblieben war. Es gibt auch weniger Berichte von Pilgern, vor allem im 9. und 10. Jahrhundert, doch um das Jahr 870 verfasste der Mönch Bernhard die früheste Beschreibung der Zeremonie des heiligen Feuers in der Grabeskirche:

„Es ist wert zu berichten, was am Ostersamstag, der Osternacht, geschieht. Am Morgen beginnt der Gottesdienst in dieser Kirche. Wenn er vorüber ist, singt man das Kyrie eleison, bis ein Engel kommt und die Lampen anzündet, die über dem Grab hängen. Der Patriarch reicht einige Lichter an die Bischöfe und die restlichen Mitglieder der Gemeinde weiter, und so hat jeder ein Licht."

Bernhard beschreibt die Zeremonie des heiligen Feuers so, wie sie noch heute, elf Jahrhunderte danach, besteht. Wie alt diese Zeremonie damals bereits war, wissen wir nicht.

Etwas früher, zur Zeit des Jerusalemer Patriarchen Thomas (809–29) war die Kuppel von Konstantins Rotunde der Anastasis wieder instand gesetzt. Es könnte in etwa dieselbe Kuppel gewesen sein, die wir auf der Karte von Madaba finden und wie sie heute existiert, nur ließ Thomas das Dach zu einem offenen Kegel umbauen; in dieser Form hat sie sich mehrere Umbauten hindurch bis 1808 erhalten. Hierzu ließ Thomas vierzig riesige Zedernstämme aus Zypern einführen, aus denen er eine doppelwandige Kuppel bauen ließ; zwischen der Innen- und der Außenwand konnte ein Mann aufrecht auf der Mauer der Rotunde gehen.

Die Grabeskirche wurde 937 und 966 bei Unruhen beschädigt, war aber Ende des Jahrtausends im Wesentlichen noch so, wie Konstantin sie siebenhundert Jahre zuvor hatte bauen lassen.

Zerstörung und Wiederaufbau 1009–1041 und später

Unvermittelt befahl im Jahr 1009, offenbar ohne Vorwarnung, der Fatimidenherrscher über Ägypten und Palästina, Kalif al-Hakim bi-Amr Allah (996–1021), dem Gouverneur von Ramla, „die Auferstehungskirche zu zerstören, ihre [christlichen] Symbole zu entfernen und alle Spuren von ihr und die Erinnerung an sie zu beseitigen". Die Einrichtung wurde entfernt und die Kirche bis auf die Grundmauern geschleift „mit Ausnahme dessen, was nicht zerstört werden konnte oder nur mit Mühe auszugraben und fortzuschaffen war". Sie „mühten sich sehr, das Grab zu zerstören und jede Spur von ihm zu entfernen und schlugen und rissen tatsächlich schließlich den größeren Teil heraus". Das Vorgehen des Kalifen ist umso unverständlicher, als seine Mutter und seine Schwester Christinnen waren und sein Onkel Orestes Patriarch von Jerusalem gewesen war (984–1005). Der Kalif sollte seine Tat bald bereuen, aber der Schaden war angerichtet.

Bald erreichten die Schreckensnachrichten den Westen. Roul de Couhé, Bischof von Périgueux, berichtete bei seiner Rückkehr von Jerusalem im Jahr 1010 „die entsetzlichen Dinge, die er gesehen hatte", und wie die Zerstörer, „als es ihnen auf keinen Fall gelingen wollte, das Grab in Schutt zu legen, es mit einem großen Feuer versuchten; aber es blieb wie ein Diamant unverrückbar und intakt".

Al-Hakims Handlanger hatten ebenfalls erfolglos versucht, die Grotte des Grabes mit Eisenhämmern aufzubrechen. Die Berichte von muslimischen Beamten, christlichen arabischen Autoren und westlichen Geistlichen machen deutlich, dass das Felsengrab zumindest nicht ganz zerstört wurde.

Die Zerstörung der Kirche insgesamt hätte gründlicher nicht ausfallen können. Konstantins Martyrion war vom Erdboden verschwunden, ohne je wieder aufgebaut zu werden. Aber selbst von dieser Kirche stehen noch Teile des Eingangs von bis zu fünf Metern Höhe, unter anderem mit der Inschrift in arabisch-kufischer Schrift aus dem 10. Jahrhundert, die den Masjid schützte, wo Omar gebetet hatte. Auch von der Rotunde der Anastasis war ein Großteil der Außenwand erhalten geblieben: Konstantins Bau existiert heute noch bis zu einer Höhe von etwa elf Metern. Doch das Innere der Rotunde mit ihrem Dach, den Säulen und Pfeilern war niedergerissen worden. Vermutlich hatte ihr Schutt die unteren Teile der Außenwand zugedeckt und die unteren Teile des Grabbaus und das Felsengrab vor al-Hakims Männern geschützt. Das aus dem Felsen gehauene Vordach des Grabes und der größte Teil der hinteren Wände waren zwar niedergerissen, aber die Süd- und Nordwand und vor allem die Grabkammer blieben erhalten. Es war also noch genug übrig, um einen Neuanfang zu ermöglichen.

Schon bald aber sollte sich eine Gegenreaktion auf die Untat des Kalifen bemerkbar machen. Bereits 1012, nur drei Jahre nach der Zerstörung, konnten die Christen von Jerusalem damit beginnen, die Rotunde, die Anastasis, wieder aufzubauen. 1014 begann al-Hakims Mutter Maria, „mit sorgsam zugehauenen Quadersteinen den auf Befehl ihres Sohnes zerstörten Tempel wieder aufzubauen". Die Rotunde wurde jetzt zum Hauptteil der Kirche, wodurch sich für alle Zeit der Charakter des von Konstantin errichteten Komplexes veränderte.

Ein ehemaliger Toreingang aus der Kreuzfahrerzeit, der von der Erscheinungskapelle innerhalb der Grabeskirche zur Christenstraße führte. Der Bogen, auch Tor der hl. Maria genannt, wurde vermutlich zugemauert, als Saladin 1187 Jerusalem von den Kreuzfahrern eroberte.

Die Christen litten immer noch unter Demütigungen, doch im Jahr 1020 ordnete al-Hakim an, dass ihre Liturgien wieder ohne Behinderung „im Bereich der als Quâmyah (Erlösung) bekannten Kirche und ihren Trümmern“ gefeiert werden durften. 1023, zwei Jahre nach al-Hakims Tod, begab sich Sitt al-Mulk, der Patriarch von Jerusalem, auf Anordnung der Schwester des verstorbenen Kalifen nach Konstantinopel, um dem Kaiser Basileios II. (976–1025) über die Restaurierung und den Neubau der Grabeskirche und der übrigen in Palästina, Ägypten und Syrien zerstörten Kirchen zu berichten. Seine Botschaft fällt vermutlich zusammen mit der Vollendung der ersten Wiederaufbauphase des Heiligen Grabes, die von 1012 bis 1023 dauerte.

Davon muss man im Westen spätestens seit August 1026 gewusst haben, als eine große Pilgerschar nach Jerusalem reiste und dort Ostern 1027 der Feier des heiligen Feuers beiwohnte. Bereits kurze Zeit nach 1009 hatte es wieder Pilgerfahrten gegeben. Der hl. Koloman von Irland starb während der Reise 1012; Adalgerius, der spätere Abt von Conques, unternahm noch vor 1019 eine Pilgerfahrt; Giraud, der Abt von Saumur, wurde auf seinem Weg zum Heiligen Grab 1022 enthauptet. Der griechische Mönch Symeon arbeitete von etwa 1012 bis 1018 als Führer für Pilger in Jerusalem; er erzählte offenbar den Pilgern des Jahres 1026–27, dass die wieder errichtete Kirche an Schönheit und Größe nicht an ihre Vorgängerin heranreichte. Erstaunlicherweise aber waren die Liturgien der Osterwoche wieder zur Normalität geworden: Der Bericht der Pilger über das heilige Feuer hätte über jede beliebige Osterwoche bis zum heutigen Tag abgefasst sein können.

Die Pilgerfahrt von 1026–27 war nur eine von vielen, die im Lauf der folgenden Jahre die Jahrtausendfeier von Christi Kreuzigung und Auferstehung feierten und Tausende von Pilgern nach Jerusalem brachten. Eine Pilgerfahrt nach Jerusalem galt zu jener Zeit gleichsam als krönendes Ereignis im irdischen Leben eines Christen, wie es Rudolf Glaber, ein Mönch in Cluny, beschrieb:

„Zur selben Zeit begannen aus aller Welt zahllose Mengen zum Grab des Erlösers in Jerusalem zu strömen, mehr als je einer für möglich gehalten hätte. Es waren nicht nur gewöhnliche Menschen und Mitglieder der Mittelschicht, sondern auch einige bedeutende Könige, Grafen und Adlige. Es machten sich schließlich sogar, und das war nie zuvor geschehen, edle Damen gemeinsam mit den armen Leuten auf den Weg. Viele wollten lieber sterben als nach Hause zurückkehren."

Ausschnitte aus Bodenbelägen aus dem 11. Jahrhundert, die sich im Umgang der Rotunde fanden. Weitere vergleichbare Bodenplatten wurden in der Galerie freigelegt.

Zahl und Rang all jener, die in den Zwanziger- und Dreißigerjahren des 11. Jahrhunderts an den Pilgerfahrten teilnahmen, sowie die zahlreichen Schenkungen „für die Wiederherstellung des Gotteshauses" lassen den Schluss zu, dass der Wiederaufbau des Heiligen Grabes von 1012 an nicht unbemerkt geblieben sein konnte. Unter den Schenkungen befand sich auch das Pfund Gold, das 1027 für die Schale gespendet wurde, in der sich das heilige Feuer selbst entzündete, und die mehreren hundert Pfund Gold, die Richard II., Herzog der Normandie, „dem Grab des Erlösers in Jerusalem" geschickt haben soll. Das Ritual des heiligen Feuers und die Aufhängung der Lampen über dem Grab bedeuten nichts anderes, als dass der Grabbau über den Relikten des Felsengrabs wieder aufgebaut gewesen sein musste. Möglicherweise wurden an der Innenseite der Rotunde provisorische Dächer angebracht, die von den erhaltenen oder neu errichteten Säulen und Pfeilern des Säulenumgangs getragen wurden. Dies und der wieder errichtete Grabbau hätten für die täglichen und die besonderen Gottesdienste durchaus ausgereicht. Möglicherweise aber waren auch die Rotunde und das Dach zusammen mit einigen anderen Gebäuden bereits wieder voll hergestellt; es gibt nichts, was dagegen spräche.

Mehr oder weniger normale Beziehungen zwischen Byzanz und den Fatimidenkalifen in Kairo wurden offenbar 1027 wieder hergestellt, aber erst 1037/38 kam es zu einer formellen Übereinkunft zwischen Kaiser Michael IV. Paphlagonios (1034–41) und dem Kalifen al-Mustansir (1036–94). Eine der Bedingungen lautete, dass die Auferstehungskirche auf Kosten des Kaisers wieder aufgebaut werden sollte, was den Schluss nahe legt, dass noch sehr viel zu tun war. „Arbeiter und eine gewaltige Menge Silber und Gold" wurden entsandt, die größte Unterstützung soll von Kaiser Konstantin IX. Monomachos (1042–55) gekommen sein und 1048 dürfte die Arbeit beendet gewesen sein. So jedenfalls sah es der große Historiograph der Kreuzzüge, Wilhelm von Tyrus, der ab etwa 1165 schrieb, mehr als ein Jahrhundert danach. Byzantinische Historiographen, die dem Ereignis zeitlich näher standen, berichten durchweg, dass diese zweite Wiederaufbauphase im 11. Jahrhundert um 1037/38 unter der Herrschaft Michaels IV. begann und noch vor seinem Tod 1041 beendet war. Keiner von ihnen schreibt den Wiederaufbau Konstantin IX. zu.

Wenn der Wiederaufbau tatsächlich noch vor dem Tod von Michael IV. 1041 vollendet war, dann erklärt das auch, dass der persische Reisende Nasir-i-Khusrau, ein unmittelbarer Zeitzeuge jener Ereignisse, die Kirche im Frühjahr 1047 in einem solchen Zustand erblickte, dass sie gänzlich wieder hergestellt wirkte: „Ein äußerst geräumiges Bauwerk ... das achttausend Menschen aufnehmen kann ... mit großer Kunstfertigkeit aus farbigem Marmor errichtet mit Ornamenten und Skulpturen im Inneren ... überall verziert mit byzantinischem golddurchwirktem Brokat mit Bildern ... es gibt auch Bilder [d. h. Mosaiken] der Propheten."

Konstantins große Basilika, das Martyrion, war für immer verschwunden, aber die Stätten, die seit jeher Ziel der Pilger waren, Golgota und das Leben spendende Grab, waren nun wieder frei zugänglich. Die Rotunde war vollständig wieder aufgebaut, reich dekoriert, ansonsten aber etwa in dem Zustand, wie wir sie heute kennen, mit einem weiten Kreis von Säulen und Pfeilern auf der Hauptebene und einer Galerie darüber. Die Galerieebene führte durch einen neu errichteten Eingang unmittelbar auf die Christenstraße. Rotunde und Galerie waren mit Mosaiken und Marmorplatten ausgelegt. Einige Fußböden waren aus kleinen Marmorplatten in geometrischen Mustern gestaltet. Andere Fragmente von Mosaikböden, die im Lauf der Renovierungsarbeiten an der Rotunde entdeckt wurden, enthielten Darstellungen von Vögeln und Fischen.

An der Ostseite der Rotunde erbauten die byzantinischen Baumeister von dem großen, heute noch bestehenden Bogen aus nach Osten eine Apsis für den Hauptaltar ihrer neuen Kirche. Östlich

Die Fenster der rekonstruierten Wand des nördlichen Querschiffs weisen Baumerkmale auf, wie sie von den Architekten aus Byzanz eingeführt wurden.

der Apsis befand sich ein offener, von Kolonnaden umgebener Hof, von dem ein Teil heute am so genannten „Bogengang der heiligen Jungfrau" im Nordschiff der Kreuzfahrerkirche erhalten ist. Drei kleinere Kapellen schlossen sich nach Osten an die östliche Kolonnade an, und in der Südostecke des Hofes erhob sich eine weitere Kapelle über dem Felsen von Golgota.

Auch die Ädikula in der Mitte der Rotunde wurde wieder aufgebaut. Wie ihr konstantinischer Vorläufer bestand der Grabbau des 11. Jahrhunderts im Wesentlichen aus zwei Teilen: einem westlichen Rundbau, der das Relikt der Grabkammer umschloss, und einem schmaleren rechteckigen Raum im Osten, der den Zugang zum Grab ermöglichte. Diese wurden jetzt ergänzt durch eine von Säulen getragene Kuppel über der Grabkammer und eine Kapelle, die sich an das Westende des Grabbaus auf der Seite der heutigen Kapelle der Kopten anschloss. Zu dieser Zeit wurden auch schon seitlich am Eingang vor der Tür zum Grabbau Bänke angebracht. Die Form des Grabbaus aus dem 11. Jahrhundert entspricht ziemlich genau dem, was wir heute kennen; er hat die Umbauten von 1555 und 1809–10 erstaunlich gut überstanden.

Der wieder errichtete Vorbau zum Grab, die heutige Engelskapelle, besaß Pforten nach Norden, Süden und Osten. Pilger gelangten durch das nördliche Tor in den Vorbau, sie betraten und verließen das Grab durch das südliche Tor, während das östliche den Wächtern vorbehalten war. Innen war der Vorraum mit Mosaiken verziert, die Westwand war halbrund und wie der konstantinische Grabbau und das Modell von Narbonne sieben Jahrhunderte zuvor mit einer Konche bedeckt. Über dem niedrigen Eingang zur Grabkammer befand sich ein Mosaik, das die Grablegung und die Engel mit den „Drei Marien" vor dem leeren Grab zeigt. In der Grabkammer wurden die Überreste der Grabbank, auf der der Leichnam Christi gelegen hatte, durch Marmorplatten überdeckt und geschützt; bis heute bleiben sie den Blicken entzogen.

Umbau der Grabeskirche durch die Kreuzfahrer um 1099–1187

Im Jahr 1071 erlitt der byzantinische Kaiser in der Schlacht von Mantzikert (heute Malazgirt im Osten der Türkei unweit vom Van-See) eine vernichtende Niederlage im Kampf gegen die Seldschuken. Zwei Jahre später stießen die Seldschuken unter dem turkmenischen Heerführer Atsiz entlang der östlichen Mittelmeerküste nach Süden vor und eroberten Jerusalem von den Fatimiden. Nun war auf einmal der Zugang zu den heiligen Stätten der Christen erheblich eingeschränkt und die byzantinischen Kaiser baten den Westen um Hilfe. Am 27. November 1095 rief Papst Urban II. auf der Synode von Clermont einen Kreuzzug aus: „Die Türken, ein persisches Volk, sind über die Christen im Osten bis zum Mittelmeer hergefallen ... haben viele gefangen gesetzt und getötet, Kirchen zerstört und das Königreich Gottes verwüstet. Wenn ihr sie noch länger allein lasst, dann werden sie weiter die Gläubigen Gottes unter ihren Fersen zermalmen."

Im Lauf der nächsten Jahre machten sich mehrere Heere von Europa aus auf den Weg; sie trafen am 7. Juni 1099 ein und schlugen ihr Lager vor den Mauern von Jerusalem auf. Nach einer fünfwöchigen Belagerung brachen die Kreuzfahrer am 15. Juli über die Nordmauer in die Stadt ein und kämpften sich durch die engen Straßen vorwärts:

„Man musste sich seinen Weg über die Leichen von Menschen und Pferden bahnen. ... In Salomos Tempel und in der Königlichen Halle ritten die Soldaten bis zu den Knien und dem Zaumzeug in Blut. Gewiss ging es auf das ausgezeichnete Urteil Gottes zurück, dass sich dieser Ort mit dem Blut der Ungläubigen füllte, hatte er doch so lange unter ihren Blasphemien gelitten. Die Stadt war voller Leichen und Blut. ... Dann begaben sich die Geistlichen und Laien zum Grab des Herrn und seinem ruhmreichen Tempel, sangen dem Herrn mit vor Freude bebender Stimme ein neues Lied, brachten ihm Gaben und demütiges Flehen dar und besuchten voll Freude die heiligen Stätten, nach denen es sie so lange verlangt hatte."

Nach eigenem Eingeständnis töteten die Kreuzfahrer Hunderte, vielleicht Tausende von Einwohnern, Muslime wie Juden, und gegen Ende des Tages zogen sie feierlich durch die verwüsteten christlichen Viertel, um Gott in der Grabeskirche zu danken. Zwei Tage danach wurde Gottfried von Bouillon, Herzog von Niederlothringen, zum *Advocatus Sancti Sepulchri,* zum Beschützer des Heiligen Grabes, ernannt. Die Einnahme der Heiligen Stadt durch die Kreuzfahrer war ein Sieg der Organisation und der Waffen, der „sie selbst ebenso wie ihre Zeitgenossen erstaunte" (Riley-Smith).

Die Kreuzfahrer begannen nun mit der Errichtung einer Lehnsgesellschaft nach westlichem Muster mitsamt einer kirchlichen Hierarchie unter einem lateinischen Patriarchen. Der griechisch-orthodoxe Patriarch Simeon und alle geistlichen Würdenträger wurden abgesetzt, der Besitz der griechischen Kirche wurde von der Kirche der Kreuzfahrer übernommen. Lediglich auf unterster Ebene durften arabisch sprechende Geistliche am Ort ihre Ämter behalten. Die Kreuzfahrer übernahmen Ämter und Besitztümer der Griechisch-Orthodoxen, eben weil diese in ihren Augen keine Ketzer

Die Einnahme Jerusalems durch die Kreuzfahrer, beschrieben in einer illustrierten Handschrift aus dem 13. Jahrhundert (Wilhelm von Tyrus, Chronicon*) aus dem Jahr 1099. Im Vordergrund besteigen die Kreuzfahrer mithilfe eines Belagerungsturms die Stadtmauer Jerusalems, im Hintergrund sind einige Stationen des Kreuzwegs dargestellt.*

waren. Sie stellten sie einfach unter lateinische Kontrolle und ließen eine Reihe von Klöstern in der Umgebung Jerusalems und eine griechische Gemeinde unter eigener Führung in der Grabeskirche bestehen. Das Vorgehen der Kreuzfahrer gegenüber den orientalischen Kirchen, vor allem den Armeniern und Jakobiten, dürfte weniger streng gewesen sein. Für den lokalen nicht lateinischen Klerus wurden Gottesdienste und sogar einige Kapellen in der Grabeskirche reserviert; bedenkt man aber, dass die Kreuzfahrer gekommen waren, um die heiligen Stätten von muslimischer Kontrolle zu befreien, muss ihre Politik diesen östlichen Kirchen gegenüber als völliges Scheitern beurteilt werden.

Noch vor Ablauf des Jahres starb Gottfried und wurde in der Grabeskirche am Fuß des Kalvarienbergs beerdigt. Am ersten Weihnachtstag 1100 wurde dessen Bruder Balduin I., der Graf von Edessa, durch den Patriarchen Daimbert in der Geburtskirche zu Betlehem zum König gekrönt. Das blieb eine Ausnahme: Alle Nachfolger Balduins wurden in der Grabeskirche gekrönt und beerdigt. Diese war zur Hauptkirche des Königreichs Jerusalem geworden, Schauplatz seiner größten Zeremonien und größte architektonische Errungenschaft.

Keine sechzig Jahre zuvor war der Umbau der Grabeskirche, die die Kreuzfahrer erobert hatten, vollendet worden. Sie war über und über mit Mosaiken bedeckt, die rund um die hohen Wände der Rotunde der Anastasis die heiligen Propheten darstellten, und in der Apsis über dem Altar zeigten sie Christus Pantokrator. Marmorplatten verkleideten die unteren Bereiche der Wände und der Boden war mit geometrischen Mustern in schwarzem und weißem Marmor verziert.

Insofern gab es keinen Handlungsbedarf und es hat den Anschein, als wurde auch nur wenig getan. Als der erste russische Pilger, von dem wir Kenntnis haben, Abt Daniel, um 1106–08 in Jerusalem eintraf, vermerkte er in einem langen Bericht, die „Franken" hätten auf die Kuppel des Grabbaus eine überlebensgroße Silberfigur Christi platziert. Ansonsten schreibt er den Kreuzfahrern nichts zu. Diese näherten sich offenbar dem Wiederaufbau der Grabeskirche mit einer schon an Furchtsamkeit grenzenden Umsicht, vielleicht weil sie eine neu errichtete Kirche in gutem Zustand von beträchtlicher Größe vorgefunden hatten, die durchgehend mit vorzüglichen Mosaiken und Malereien ausgeschmückt war.

Es gab nur eine Ausnahme: 1105 ordnete König Balduin I. eine Inschrift in goldenen Lettern auf der noch existierenden byzantinischen Apsis der Grabeskirche an, in der die Hilfe, die von der Stadt Genua bei der Eroberung des Heiligen Landes geleistet worden war, vermerkt und die Bewilligungen, die man ihr zum Dank erwies, aufgezählt wurden. Diese „Genueser Goldene Inschrift" wurde zur Zeit König Amalrichs (1163–73) zerstört, möglicherweise weil – wie wir noch sehen werden – die byzantinische Apsis damals abgerissen wurde, um Platz für die Vollendung der Kreuzfahrerkirche zu schaffen.

In den ersten Jahren des 12. Jahrhunderts war den Kreuzfahrern vor allem daran gelegen, östlich der Kirche, auf dem Atrium von Konstantins Martyrion den Gebäudekomplex zu errichten, der notwendig war, um den Abt und die Chorherren des neu gegründeten Augustinerstifts des Heiligen Grabes unterzubringen – Kloster, Kapitelhaus, Refektorium, Küche und Dormitorium. Tief unter dem Kloster erbauten beziehungsweise restaurierten die Kreuzfahrer die Helenakapelle und die angrenzende, noch tiefer gelegene Grotte der Kreuzauffindung. Die Stiftshäuser, das Kloster, Refektorium, Kapitelhaus und Dormitorium sind heute nur noch Ruinen, in denen inzwischen die kleinen Zellen des äthiopischen Klosters untergebracht sind. Es heißt zwar, die Äthiopier wohnten auf dem Dach der Kirche, in Wirklichkeit aber wohnen sie dort, wo die Stiftsherren acht Jahrhunderte zuvor gewohnt haben. Tief unter den verfallenen Gebäuden im Norden des Stifts haben in jüngster Zeit Forscher noch intakte große Gewölbe entdeckt, die den Stiftsherren gehörten und vermutlich als Lagerraum oder zur Unterbringung von Pilgern dienten.

1149 vollendeten die Kreuzfahrer die erste Umbauphase der Grabeskirche: der Kapellenkomplex rund um den Kalvarienberg war komplett erneuert worden. Dazu gehörten auch – wie noch heute – zwei Kapellen am Fuß des Berges und zwei auf der Höhe der Felsspitze. Das Datum 1149 lässt sich einer lateinischen Inschrift entnehmen, die sich in goldenen Lettern an der Wand über beziehungsweise um den Bogen befindet, der zur Kapelle von Golgota (der heutigen Adamskapelle) unterhalb der Kapelle der Kreuzaufrichtung gehörte, der nördlichen der beiden Kapellen auf dem Kalvarienberg. Die Inschrift ließ sich entziffern und lautet:

> „Diese Stätte ist heilig, geheiligt durch das Blut Christi,
> durch unsere Weihe wird ihre Heiligkeit nicht erhöht.
> Doch das Haus, das um und über diese heilige Stätte erbaut wurde,
> wurde am fünfzehnten Tag des Juli geweiht
> in Anwesenheit anderer Patres durch den Patriarchen Fulcher,
> der damals im vierten Jahr seines Patriarchats stand,
> im fünfzigsten Jahr seit der Eroberung der Stadt,
> die damals glänzte wie reines Gold.
> Von der Geburt des Herrn zählte man
> elfhundertneunundvierzig Jahre."

Nach dem Wiederaufbau der Kapellen um den Kalvarienberg wandten sich die Kreuzfahrer ihrer letzten und größten Aufgabe in der Grabeskirche zu. In dem offenen Hof östlich der Anastasis – bei Konstantins ursprünglichen Gebäuden und ihren byzantinischen Nachfolgern als „Hof vor dem Kreuz" bezeichnet – errichteten sie eine große Basilika: das Katholikon mit einem zweigeschossigen Chor und einer Apsis im Osten, hinter der sich ein Umgang und drei kreisförmig angeordnete Kapellen befanden. Über der Vierung wurde eine große Kuppel auf Pendentifs errichtet, in Verbindung mit der Kup-

Im Ostteil des Katholikon befindet sich hinter einer steilen Treppe die Helenakapelle der Armenier. Die Außenwände der Kapelle stammen aus der Bauzeit der ursprünglichen Basilika Konstantins; der Rest des Bauwerks dürfte auf die Zeit der Restaurierung durch die Kreuzfahrer zurückgehen.

pel der Rotunde war so eine einzigartige Architektur aus zwei Kuppeln entstanden. Dieses Bauwerk der Kreuzfahrer bestimmte für alle Zeit die Form der Grabeskirche und besteht heute noch etwa in der Gestalt, wie sie vor acht Jahrhunderten errichtet wurde.

Die große Fassade des südlichen Querschiffs umfasste das Doppelportal und den Haupteingang zur neuen Kirche; die Reliefs auf den Stürzen gehören zu den eindrucksvollsten der Kreuzfahrerzeit. Unmittelbar dahinter befanden sich wie auch heute noch die Kapellen des Kalvarienbergs; davor waren die Gräber der Könige von Jerusalem gelegen, die inzwischen längst verschwunden sind. Vor der Kirche markierte ein schon von weitem sichtbarer fünfgeschossiger Glockenturm den Eingang, der 1719 auf seine heutigen drei Geschosse reduziert wurde, aber dennoch bis zum heutigen Tag mit den Minaretten der El-Omariye-Moschee im Süden und der El-Kanqa-Moschee im Norden der Kirche wetteifert.

Forscher datieren die Vollendung und Weihe dieser Bauten in der Regel auf den 15. Juli 1149, den fünfzigsten Jahrestag der Einnahme Jerusalems durch die Kreuzfahrer; an diesem Tag wurden, wie wir gesehen haben, auch die Kapellen am Golgota geweiht. Der Kreuzfahrer und Historiograph Wilhelm, um diese Zeit Erzbischof von Tyrus, erwähnt jedoch nichts von einer Einweihung, und inzwischen weiß man, dass Teile der Kirche und einige der Skulpturen nicht aus den Dreißiger- oder Vierzigerjahren des 12. Jahrhunderts stammen, sondern in den Fünfzigerjahren oder sogar noch später entstanden sind. Das lässt sich auch bei genauer Überprüfung den Urkunden in den Archiven des Kreuzfahrerstifts in der Grabeskirche entnehmen. Von 1102 bis 1167 handeln die Dokumente stets von denselben Altären beziehungsweise Heiligtümern: dem Heiligen Grab (d. h. dem Grab), dem

An der Südseite des Kalvarienbergs liegt die 11. Station des Kreuzwegs, die lateinische Kapelle der Kreuzannagelung. Die Decke der Kapelle ist ausgeschmückt mit Mosaiken, von denen eines aus der Kreuzfahrerzeit stammt. An der hinteren Wand stellt ein modernes Mosaik die Kreuzannagelung Jesu dar; darunter ein versilbertes Kreuz aus dem 16. Jahrhundert, ein Geschenk von Ferdinando de' Medici. Links die 13. Kreuzwegstation, auch bekannt als Schmerzen Mariens bzw. Stabat Mater, die an Marias Trauer bei der Abnahme des Leichnams Jesu vom Kreuz erinnert.

Kreuz (d. h. dem Kalvarienberg) und zwei weiteren Altären. Erstmals in einer Urkunde von 1169 und von da an in weiteren Urkunden, finden sich ferner: der Hochaltar im Chor, das Gefängnis Christi, die Grotte der Kreuzauffindung samt Altären, der Hochaltar hinter dem Grab, der Thron des Patriarchen hinter dem Hochaltar und der ‚Nabel der Welt' mitten im Chor. Diese Anlage von 1169 entspricht der Kirche, wie wir sie heute kennen, wobei sich der Nabel der Welt heute innerhalb der Kirche befindet, im griechischen Katholikon, während er sich damals im offenen Hof östlich der Rotunde und ihrer byzantinischen Apsis befand. Vom Gefängnis und der Grotte der Kreuzauffindung gibt es heute einen direkten Zugang zum Innenraum des Gebäudes. Zwischen 1167 und 1169 künden die Urkunden also von einem tief greifenden Umbau der Kirche.

Bereits 140 Jahre zuvor hatte der französische Gelehrte Melchior de Vogüé weitere Indizien festgehalten, die in diese Richtung weisen. Die ersten vier Könige von Jerusalem – bis Fulko von Anjou, der 1143 starb – wurden neben Gottfried von Bouillon am Fuß der Golgotakapellen begraben. Als Balduin III. 1162 starb, wurde er dagegen zwischen den Pfeilern an der Südseite der Vierung der Kreuzfahrerkirche bestattet. Einen weiteren Hinweis bietet die Zerstörung der „Genueser Goldenen Inschrift" in der Apsis der byzantinischen Kirche unter König Amalrich (1163–73), die erst geschehen konnte, nachdem die byzantinische Apsis zerstört worden war, um die Rotunde zum Presbyterium und nach Osten hin zur neuen Kreuzfahrerkirche zu öffnen. Für Johannes von Würzburg, der Jerusalem um 1170 besuchte, war der Chor „ein neues, kürzlich hinzugefügtes Bauwerk ..., in dem der Hochaltar zu Ehren der Anastasis, der heiligen Auferstehung, geweiht wurde". Es scheint also, dass ähnlich wie in zahllosen Kirchen im Westen der alte Bau weiterhin stehen blieb und für den Gottesdienst genutzt wurde, während die neuen Bauten um ihn herum entstanden. Erst in letzter Minute wurde der alte Bau abgerissen, und die beiden Kirchen wurden bei möglichst geringer Unterbrechung der täglichen Liturgien miteinander verbunden. Also vollendeten die Kreuzfahrer vermutlich in den Sechzigerjahren des 12. Jahrhunderts ihren Chor, den Umgang und die Querschiffe. Zum ersten Mal in ihrer vielhundertjährigen Geschichte waren damit alle heiligen Stätten in einem einzigen Bauwerk untergebracht, und so ist es auch heute noch.

Zur Baugeschichte der Grabeskirche unter den Kreuzfahrern gehört auch die Arbeit der Kreuzfahrer am Grabbau. Die Berichte von Johannes von Würzburg um 1170 und Theoderich von

„So spricht der Herr: Das ist Jerusalem. Ich habe es mitten unter die Völker und die Länder ringsum gesetzt." (Ezechiel 5,5). Im Mittelalter galt Jerusalem als Mitte der Welt mit dem Hof der Grabeskirche als Mittelpunkt. Auf dieser Weltkarte aus dem 13. Jahrhundert liegt Jerusalem im Zentrum; die obere Hälfte stellt Asien dar, rechts unten liegt Europa, links davon Afrika. Christus Pantokrator, der Herrscher der Welt, steht über der Karte.

1174 zeigen, dass die Arbeiten am Grabbau zu diesem Zeitpunkt am weitesten gediehen waren. Die Engelskapelle hatte wie auch heute an drei Seiten solide Wände, besaß damals aber noch drei Eingänge. Das Innere der Grabkammer und der Engelskapelle war mit Mosaiken und anderen Verzierungen bedeckt. Mindestens vierzehn lateinische Inschriften waren an der Außenwand, der Engelskapelle und der Grabkammer sowie rund um die eisernen Gitter um den Hochaltar, der am Westende des Grabbaus errichtet worden war, angebracht.

Ob der Grabbau schon zuvor diese Form hatte, wissen wir nicht, aber es ist sehr wahrscheinlich, dass die Kreuzfahrer ihre ersten wichtigen Bauarbeiten an der Grabeskirche auf die beiden heiligsten Stätten, den Kalvarienberg und das Grab, konzentrierten. Erst als diese vollendet waren, widmeten sie sich sehr viel größeren Aufgaben am Chor und den Querschiffen. Wenn das stimmt, dann dürfte der Grabbau etwa um dieselbe Zeit ausgeschmückt worden sein, als die Bauten am Kalvarienberg voll im Gang waren, also in den Vierzigerjahren des 12. Jahrhunderts.

Mitte des Jahrhunderts ließ der byzantinische Kaiser Manuel I. Komnenos (1143–80) die Felsbank im Grab mit Gold bedecken. Da das Dach des Grabbaus inzwischen mit vergoldeten Bronzeplatten und die Kuppel mit Platten aus vergoldetem Silber ausgelegt waren (die zu einem nicht genau bekannten Datum die Silberstatue Christi ersetzt hatten), zeichnete sich die Ausschmückung des Grabbaus durch eine Pracht aus, die sie nie wieder erreichen sollte.

Im Herbst 1187 wurde nach der Niederlage des Königreichs Jerusalem in der Schlacht bei Hattin das Silber von der Außenwand des Grabbaus abgenommen und zu Münzen eingeschmolzen, um die Ritter und Soldaten, die die Stadt verteidigten, zu bezahlen; die Münzen trugen ein Bild des Grabmals, zu dessen Verteidigung sie dienten. Am 2. Oktober 1187 ergab sich Jerusalem Saladin. Kein einziges Gebäude wurde geplündert. Die Grabeskirche wurde drei Tage lang geschlossen, während man über ihre Zukunft beriet. Schließlich kam man überein, dem Beispiel des Kalifen Omar zu folgen, der bei seiner Einnahme der Stadt 638 den Christen den Besitz ihrer Kirche bestätigt hatte. Sie wurde daher nicht, wie andere empfahlen, zerstört, sondern blieb in den Händen der östlichen Christen, von denen die Kreuzfahrer sie 88 Jahre zuvor eingenommen hatten. Vier syrische Priester durften in der Kirche bleiben.

Die Jahrhunderte des Niedergangs 1187–1555

Die folgenden Jahre über dürften die Kirche und das große Stift geradezu verwaist gewesen sein; um diese Zeit wurden wohl auch alle Türen bis auf eine zugemauert. Zu Zeiten der Kreuzfahrer – vielleicht auch schon sehr viel früher – gab es einen Eingang von Westen her durch das Tor der hl. Maria: einen verzierten Bogen, der noch heute in der Christenstraße auf der Höhe des griechisch-orthodoxen Patriarchensitzes zu sehen ist. Dieser Weg führte über dreißig Stufen zur Rotunde der Anastasis; die unteren Stufen sind heute noch unmittelbar westlich der Kapelle der Maria Magdalena und der Franziskanerkapelle zu sehen. Ebenfalls um diese Zeit wurde das östliche der beiden großen Tore zur Kirche vom Vorhof aus geschlossen und vermutlich auch der südliche und nördliche Eingang zum Grabbau, die zuvor von den Pilgern benutzt worden waren, wenn sie das Grab Christi betraten.

In den zwei Jahren nach der Einnahme Jerusalems 1187 fielen mehr als fünfzig Burgen in Saladins Hand sowie der größte Teil des Königreichs Jerusalem einschließlich Akko; nur Tyrus leistete Widerstand. Papst Gregor VIII. rief bereits am 29. Oktober 1187 einen neuen Kreuzzug aus. Im November ergriff als erster Herrscher nördlich der Alpen Richard von Poitiers, der spätere König Richard Löwenherz von England, das Kreuz. Im Juli 1190 zogen er und König Philipp II. von Frankreich von Vézelay in Burgund aus los und erreichten im Sommer 1191 Akko. Innerhalb eines Monats war Akko auf diesem Dritten Kreuzzug eingenommen. König Richard zog von dort weiter die Küste hinunter, nahm Jaffa ein und rückte während der folgenden zwei Monate zweimal gegen Jerusalem vor, wobei er sich der Stadt einmal sogar bis auf Sichtweite näherte. Im September 1192 konnte ein Waffenstillstand ausgehandelt werden, der es den Kreuzfahrern erlaubte, die Küste zwischen Akko und Jaffa unter ihrer Kontrolle zu behalten.

Diesem Vertrag zufolge durften die christlichen Pilger ungehindert nach Jerusalem ziehen. Hubert Walter, der Bischof von Salisbury, der in diesem Herbst die dritte Gruppe anführte, bat Saladin, „dass am Grab des Herrn, das er besucht hatte und wo die göttlichen Riten auf barbarische Weise nur hin und wieder von den Syrern zelebriert wurden, die heilige Liturgie auf geziemendere Weise von zwei lateinischen Priestern und ebenso vielen Diakonen zusammen mit den Syrern zelebriert werden dürfe und dass sie von den Gaben der Pilger unterstützt werden dürften". Saladin stimmte zu und der Bischof ernannte die Priester und Diakone. Doch als wenig später eine Botschaft des byzantinischen Kaisers Isaak II. Angelos darum bat, die Kontrolle über das Heilige Grab möge der orthodoxen Kirche übertragen werden, weigerte sich Saladin. Keine Sekte sollte die Oberhand gewinnen, er werde, „gleich den osmanischen Sultanen nach ihm als Schiedsrichter über sie alle wirken" (Runciman).

Saladins Nachfolger waren nicht so tolerant; Pilger mussten nun beträchtliche Gebühren bezahlen. Im Jahr 1217 fand Thietmar die Kirche „ohne Lampen, ohne Ehre, ohne Ehrfurcht und immer geschlossen, es sei denn, sie wurde den Pilgern gegen Zahlung einer Gebühr geöffnet". Im Jahr 1229 bekamen die Kreuzfahrer Jerusalem unter den Bedingungen eines zwischen dem deutschen Kaiser Friedrich II. und dem Sultan al-Kamil ausgehandelten Vertrags zurück. Am 17. März betrat Fried-

Ein verschlossener Eingang zur Grabeskirche. Nach der Einnahme Jerusalems durch Saladin am 2. Oktober 1187 wurden die Tore zur Grabeskirche drei Tage lang versiegelt; danach wurde eine der zwei großen Doppeltüren zugemauert, und so blieb es bis heute.

rich die Stadt, am Tag darauf, einem Sonntag, wollte er die Messe in der Grabeskirche besuchen, doch war kein Priester zugegen. Friedrich legte eine Königskrone auf den Altar am Kalvarienberg und krönte sich dann selbst zum König von Jerusalem.

Schon nach wenigen Wochen verließ Friedrich das Königreich, begleitet von einem Chor kritischer Stimmen über seine Selbstkrönung und seine Politik. Der Zugriff der Kreuzfahrer auf Jerusalem war in den folgenden Jahren nie sonderlich stark. Nach Auslauf des Vertrags 1239 blieb die Stadt relativ unsicher in ihren Händen bis zum Sommer 1244, als zehntausend berittene choresmische Türken von Nordwesten einfielen und Jerusalem am 11. Juli zu Fall brachten. Die Zitadelle ergab sich erst am 23. August unter der Zusage sicheren Abzugs, die aber gebrochen wurde. Für die Einwohner der Stadt gab es keine Gnade. Die Grabeskirche wurde gestürmt, die Königsgräber aufgebrochen, die Christen, die vor dem Grabbau Zuflucht gesucht hatten, und die Priester, die am Altar den Gottesdienst abhielten, wurden getötet.

Im November schrieben Robert, der Patriarch von Jerusalem, die Bischöfe des Königreichs, der Vizegroßmeister der Templer, der Prior des Heiligen Grabes und andere Würdenträger an die Prälaten von Frankreich und England. Der mit zwölf Siegeln verschlossene Brief beschrieb die Vorkommnisse: „Sie legten frevlerisch Hand an das Grab der Auferstehung des Herrn, entehrten es auf vielerlei Weise und kippten vom Boden die Marmorplatten rings umher um. ... Sie entfernten die geschnitzten Säulen, die als Schmuck vor dem Grab des Herrn aufgestellt waren, und schickten sie zur Schande der Christen als Zeichen des Sieges zum Grab des bösen Mohammed."

Diese Vorfälle, die offiziell von Zeugen berichtet wurden, die kraft ihrer Position die Fakten am besten kannten, sind möglicherweise aus Verzweiflung und aus dem Bedürfnis heraus, in Europa Mitleid zu erregen, etwas übertrieben, aber die detaillierten Schilderungen der Beschädigungen am Grabbau sind zutreffend. Sie beschreiben den Zustand des Grabbaus so, wie er uns auf den ersten

Italienische Pilger am Eingang zur Kirche; Darstellung in einer Ausgabe von Marco Polos Die Wunder der Welt *aus dem 15. Jahrhundert.*

Zeichnungen von Pilgern aus den folgenden Jahrzehnten vorliegt: ein Bau aus Steinblöcken bar jeder ordentlichen Verkleidung.

Aber auch während dieser schweren Jahre von 1192 an bis in das 13. Jahrhundert hinein fanden trotzdem Pilgerfahrten nach Jerusalem, der Stätte von Christi Tod und Auferstehung, statt. In Jerusalem selbst bildete sich eine neue Macht, der Franziskanerorden, der die heiligen Stätten so weit wie möglich schützte und sich um die Pilger kümmerte. Auf ihrer Generalversammlung 1217 teilten der hl. Franz von Assisi und die versammelten Brüder die Welt in franziskanische Provinzen auf, deren wichtigste die Provinz des Heiligen Landes war. Der hl. Franziskus selbst knüpfte während eines langen Aufenthalts in Ägypten, Syrien und Palästina 1219–20 Kontakte zu den muslimischen Behörden und gründete Franziskaner-Niederlassungen, die die Kontinuität der liturgischen Aufgaben an den heiligen Stätten sichern sollten. Nach 1291 mussten sich die Mönche nach Zypern zurückziehen, doch von 1322 an waren sie wieder in der Grabeskirche präsent, und 1328 genehmigte Papst Johannes XXII., dass jedes Jahr zwei Mönche nach Jerusalem entsandt werden durften. Um 1335 hatten die Franziskaner auf dem Berg Zion ein Kloster gegründet, wo sie bis zu ihrer Vertreibung 1552 blieben; 1560 zogen sie schließlich in ihren heutigen Konvent, das Erlöserkloster (Salvator) um.

Von Beginn des 14. Jahrhunderts an sorgten die Franziskaner für den Empfang und das Wohlergehen der Pilger, deren Zahl enorm angestiegen sein muss. Die „Frühjahrsfahrt“ von Venedig aus brachte die Pilger nach Jaffa, von wo sie unter oftmals schwersten Bedingungen ihren Weg nach Jerusalem und zurück absolvierten, manchmal sogar bis zum Berg Sinai. Ihr Aufenthalt in Palästina, der in der Regel nicht länger als fünf oder sechs Wochen dauerte, war wegen der Belästigungen durch Räuber und Zahlungsaufforderungen aller Art gefährlich, wurde aber von den meisten erfolgreich gemeistert. Ihre manchmal individuellen, oft aber auf der Grundlage von Pilgerführern entstandenen schriftlichen Berichte erschienen in immer neuen Ausgaben, zunächst handschriftlich, Ende des 15. Jahrhunderts auch gedruckt. Sie sind nahezu die einzigen Quellen, aus denen wir erfahren, was es bedeutete, Pilger zu sein, und in welchem Zustand sich die Stätten befanden, die sie aufsuchten. Einige dieser Pilgerzüge waren sehr groß und wurden von bedeutenden Adligen angeführt. Andere wurden von Bruderschaften unternommen wie der Bruderschaft des Heiligen Grabs von Haarlem, zu deren dreizehn Mitgliedern auch der Maler Jan van Scorel gehörte, der sie 1520 begleitete und eine bemerkenswerte Zeichnung hinterließ. Nicht alle Pilger kamen aus dem Westen, viele kamen auch aus dem Osten, nicht zuletzt aus Russland. Alle aber hatten ein gemeinsames Ziel: das Grab Christi.

Die Ordination eines Ritters vom Heiligen Grab in der Kirche durch einen Franziskanerguardian; Abbildung aus dem Reisebericht von Heinrich Wölffli, 1520.

Nach ihrer Heimkehr bauten einige dieser Pilger großformatige Modelle des Grabes als Zentrum ihrer künftigen Osterfeierlichkeiten, einige versuchten sich sogar an der Konstruktion eines „Neuen Jerusalem" mit Kapellen und Schreinen, anhand derer man das ganze Ostergeschehen während der Osterwoche von Ort zu Ort nachvollziehen konnte. Ein solches Modell befand sich in Görlitz an der Neiße; es wurde in den letzten Jahren des 15. und zu Beginn des 16. Jahrhunderts geschaffen. Etwa um dieselbe Zeit entstand das „Nuova Gerusalemme" in San Vivaldo unweit von Florenz, wo im ersten Jahrzehnt des 16. Jahrhunderts Fra Tommaso da Firenze vierundzwanzig einzelne Gebäudemodelle errichtete, um Jerusalem für all jene zum Leben zu erwecken, die nie die Gelegenheit haben würden, den Ort zu besuchen.

Die Beschreibungen und mehr noch die Zeichnungen, die diese Pilger selbst anfertigten oder durch Bedienstete anfertigen ließen, die sie auf der Reise begleiteten, sind eine durchaus wertvolle Quelle, denn ihnen entnehmen wir, dass der Grabbau mehr und mehr verfiel. Die Franziskaner hatten sich zwar noch vor Mitte des 14. Jahrhunderts das alleinige Recht über das Grab gesichert, erhielten die Schlüssel zum Grabbau aber erst ein Jahrhundert danach von den Muslimen ausgehändigt. Es gibt keinerlei Aufzeichnungen über größere Reparaturarbeiten, möglicherweise waren sie verboten, irgendwann zu Beginn des 15. Jahrhunderts aber durften die Franziskaner offenbar doch Veränderungen an der Grabkammer vornehmen, um sich den Gottesdienst zu erleichtern. Davor hatten sie einen mobilen Holzaltar auf die Marmorplatte über der Felsbank gestellt, wie sie es auch heute wieder machen. Jetzt entfernten sie wahrscheinlich die Marmorverkleidungen vor dem Grab, die die drei runden Öffnungen verdeckten. Durch diese Löcher hatten die Pilger zumindest vom frühen 12. Jahrhundert an den Felsen mit der Grabbank, auf der der Leichnam Christi gelegen hatte, berühren oder sogar küssen können. Die Felsbank war seither vollständig verdeckt gewesen. Die Marmorplatte über der Felsbank ließen die Franziskaner unverändert. Schon 1345 hatte ein anonymer englischer Pilger die Platte beschrieben: Sie habe „an den Seiten Ränder"

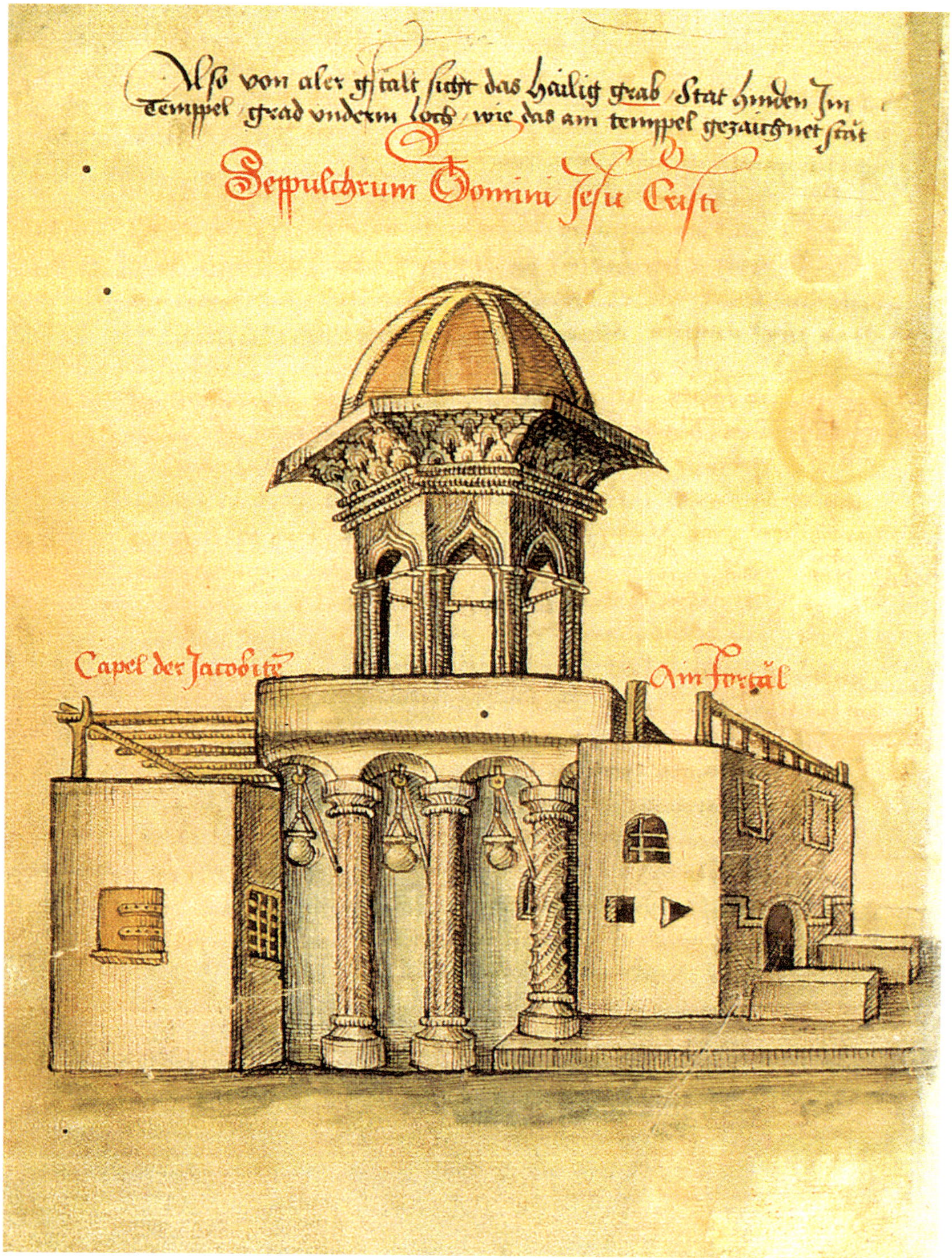

Farbige Tuschezeichnung des Grabbaus von Süden aus, ausgeführt 1487 von Konrad Grunenburg vermutlich auf der Grundlage von Skizzen während seines Besuchs in Jerusalem im Jahr 1486.

gehabt, und in der Mitte sei „ein Streifen geschnitten“ gewesen, ganz so wie heute auch, 650 Jahre später.

Den Vorhof der Grabeskirche kennen wir aus Zeichnungen, die bis in das 14. Jahrhundert zurückreichen. Die Kuppel über der runden Anastasis hatte trotz des Wiederaufbaus nach der Zerstörung im Jahr 1009 immer noch die Form eines offenen Kegels wie im frühen 9. Jahrhundert, als sie zum ersten Mal errichtet worden war. Der Glockenturm der Kreuzfahrer besaß noch fünf Geschosse, sah aber ansonsten fast genauso aus wie heute.

Reparaturen und Aufteilung der Kirche 1517–1808

Im Laufe des 14. und 15. Jahrhunderts, als sich Palästina und somit die heiligen Stätten unter der Herrschaft der Mamelucken befanden, hatte sich der Pilgerstrom dank guter Verhältnisse zum Westen und zu Byzanz intensiviert und vor allem in der zweiten Hälfte dieser Periode stark zugenommen. Anfang des 16. Jahrhunderts aber änderte sich die Lage, zum Teil als Folge der Reformation, die die Zahl der Pilger aus großen Teilen Europas nördlich der Alpen schrumpfen ließ, aber auch aufgrund der Einnahme Syriens durch die Osmanen im Jahr 1517. Die nächsten vier Jahrhunderte über war Jerusalem der Sitz eines unbedeutenden Distrikts des Paschas von Damaskus. Hohe Steuern, schlechte Verwaltung und eine willkürliche Rechtsprechung forderten in den christlichen Gemeinschaften ihren Tribut und Anfang des 19. Jahrhunderts waren Stadt und Gebäude ziemlich verwahrlost.

Für die Franziskaner hatten die Probleme schon bald nach dem Sieg der Türken begonnen. 1552 vertrieb Süleiman der Prächtige (1520–66) die Mönche nach mehreren Versuchen schließlich aus ihrem Kloster auf dem Berg Zion, doch unmittelbar danach traf Bonifatius von Ragusa ein und übernahm das Amt des Kustos des Heiligen Landes. Während der acht Jahre seiner ersten Amtszeit (von 1564 bis 1565 war er abermals Kustos) sicherte Bonifatius nicht nur einen neuen Ort für den Konvent, sondern ließ auch einige heilige Stätten restaurieren, darunter in der Grabeskirche den Salbungsstein und den Grabbau.

1555 war der Grabbau nahezu verfallen; da befahl Papst Julius III. (1550–55) auf Drängen von Kaiser Karl V. und dessen Sohn, König Philipp von Spanien, Bonifatius, seine Restaurierungsarbeiten voranzutreiben, für die kaiserliche Mittel bereitgestellt wurden. Bonifatius öffnete am 27. August 1555 das Grab und beschrieb später in einem feierlichen Brief, er habe „das Bauwerk bis zum Grund abgetragen, damit das wieder errichtete Bauwerk sich stärker erheben und länger überdauern würde. Dieser Abriss brachte das aus dem Felsen gehauene Grab des Heiligsten Herrn vor unsere Augen. ... Als wir eine der Alabasterplatten entfernen mussten, die das Grab bedecken, [eine von denen,] auf der das heilige Mysterium der Messe zelebriert wird, da erschien offen vor uns jene unbeschreibliche Stelle, an der der Menschensohn drei Tage lang lag."

In einem Buch, das später für König Philipp verfasst wurde, dem sein Vater Karl bei seiner Heirat mit Königin Maria I. Tudor von England im Jahr 1554 den nichtsagenden Titel „König von Jerusalem" verliehen hatte und der schließlich die Zahlungen für die Restauration des Grabbaus übernommen hatte, beschrieb Bonifatius, er habe „jene heilige Stätte von den Fundamenten wiederhergestellt und mit Platten aus glänzendem Marmor verziert".

Inschriften im Grabbau aus den folgenden Jahrhunderten zeigen, dass Bonifatius einen Großteil der alten Steine für den eigentlichen Bau wieder verwendet haben muss, aber die Kuppel, die er errichten ließ, war völlig neu, ein Werk klassischer Architektur, das mit Cupidoköpfen im Stil der Renaissance verziert war.

Da Bonifatius während der Arbeiten die Überreste des ursprünglichen Felsengrabs innerhalb des Grabbaus zu Gesicht bekommen hatte, konnte er auch einen Vergleich mit einem Grab anstellen,

Modell des Grabeskirche, 17.–18. Jahrhundert, Musée de la Société des Antiquaires de l'Ouest, Poitiers. Solche Modelle aus Olivenholz mit Einlegearbeiten aus Perlmutt, Elfenbein oder Knochen wurden vermutlich in den Werkstätten in und um Jerusalem für die Pilger angefertigt. Das Dach des Modells ist abnehmbar; es zeigt den Grabbau und dessen Innenausschmückung.

das er im Süden der Stadt in dem großen Felsgrabfriedhof von Akeldama an den Südhängen des Tals des Hinnom (Wadi er-Rababe) gesehen hatte: „Ich fand dort ein Grab, das in jeder Hinsicht dem gleicht, in dem Christi Leichnam lag. Ich wies die [franziskanischen] Mönche darauf hin, damit sie frohlocken und es ihren Nachfolgern und den Pilgern zeigen konnten, die das Heilige Land besuchen. Ich konnte das so genau wissen, weil ich die Stelle des Leichnams unseres Herrn sah ..., als ich jene heilige Stätte wiederherstellte."

Die ursprüngliche, aus dem Fels gehauene Leichenbank Christi war im Zuge des Wiederaufbaus des Grabbaus wieder zugedeckt worden, aber Bonifatius konnte auf das Grab in Akeldama verweisen, weil man dort am besten einen Einblick erhielt, wie Christi Grabstelle ursprünglich ausgesehen hatte. Leider lässt sich dieses Grab in Akeldama heute nicht mehr identifizieren, und Bonifatius war offenbar vor 450 Jahren der Letzte, der die Grabstelle Christi vollständig zu Gesicht bekam.

Trotz der von Bonifatius unternommenen Bemühungen war eine Pilgerfahrt zu dieser Zeit noch voller Gefahren. Als Melchior von Seydlitz und seine Begleiter aus Görlitz 1557 in Jerusalem weilten, wurden sie vom Gouverneur inhaftiert, in Ketten zu Fuß nach Damaskus, Aleppo und schließlich nach Konstantinopel gebracht, wo sie zwei Jahre lang in einem Steinbruch arbeiten mussten, bis sie schließlich wieder freigelassen wurden.

Die Jahrhunderte unter osmanischer Herrschaft waren für keine der Religionsgemeinschaften einfach. Diese waren zwar bis zu einem gewissen Grad durch das so genannte Milet-System geschützt, das dem griechisch-orthodoxen Patriarchen von Konstantinopel nicht nur für die religiö-

Eine Radierung von 1698 von Cornelius de Bruyn zeigt das Innere der Rotunde und den Grabbau, wie sie Ende des Mittelalters bestanden. Diese Radierung wurde im Laufe des 17. und 18. Jahrhunderts in zahlreichen Büchern abgedruckt.

sen, sondern auch für die weltlichen Belange seiner Gemeinschaft die Verantwortlichkeit übertrug, aber die Orthodoxen waren in Jerusalem ebenso der Willkür der türkischen Herrschaft und Besteuerung ausgesetzt wie die übrigen Glaubensgemeinschaften. Die Lateiner, die den Schutz der katholischen Herrscher Europas und das wachsame Auge Venedigs auf ihrer Seite hatten, waren ebenfalls vergleichsweise sicher, aber nicht gegen willkürliche Übergriffe gefeit.

Die Beziehungen zwischen den Religionsgemeinschaften verschlechterten sich zunehmend im 17. Jahrhundert, vor allem nach 1633, als zunächst eine und dann eine weitere griechische, lateinische und armenische Gemeinschaft erst die Kontrolle über einen Teil der Grabeskirche erlangte und dann wieder verlor. In dieser Situation gründete 1662 der orthodoxe Patriarch Dositheos die Griechische Bruderschaft vom Heiligen Grab, die seither den großen Komplex mönchischer Bauten östlich des Vorhofs belegt. Um diese Zeit hatten sich die armenischen Christen bereits in der Galerie auf der Südseite der Rotunde der Anastasis festgesetzt und beanspruchten immer wieder auch andere Teile des Bauwerks.

Die Lage komplizierte sich noch durch den nahezu endlosen Krieg zwischen dem Osmanischen Reich und der Republik Venedig auf der einen Seite und den Konflikten der Hohen Pforte mit Österreich und Polen auf der anderen zu einer Zeit, als der Einfluss Frankreichs und Spaniens immer mehr schwand. Diese Lage musste die Position der Lateiner zwangsläufig schwächen. Außerdem mussten dringend Reparaturarbeiten begonnen werden. Nach 30-jährigen Verhandlungen konnten die Rom nahe stehenden Gemeinschaften schließlich 1719 von der Hohen Pforte die Genehmigung erwir-

Eine Gruppe christlicher Pilger aus dem Osten vor der Engelskapelle. Im Hintergrund kniet ein Priester vor dem Grab; zwei Kawassen schirmen den Eingang zum Grab ab. Luigi Mayer, 1801.

ken, die Kuppel über der Rotunde der Anastasis wiederherzustellen. Sie errichteten damals zum letzten Mal einen offenen Kegel, eine Form, die das Dach erstmals im 9. Jahrhundert erhalten hatte.

Das wachsende Interesse Russlands an der Grabeskirche zeigt sich am deutlichsten an der Pilgerfahrt von Arsenij Suchanov 1651 bis 1653. Er war zwar ein vehementer Verteidiger des reinen russisch-orthodoxen Glaubens, war aber dennoch überglücklich, nach Russland eines der Kirchenmodelle mitnehmen zu können, die in Betlehem um 1600 aus Olivenholz, Perlmutt, Knochen und Elfenbein zum Verkauf an die Pilger hergestellt wurden. Nach diesem Modell ließ der russische Patriarch Nikon (gest. 1681) im Kloster Novjerusalimskij unweit von Istra rund achtzig Kilometer östlich von Moskau eine maßstabgerechte Kopie der gesamten Grabeskirche bauen.

Die Situation der heiligen Stätten war inzwischen eines der großen Themen der europäischen Diplomatie geworden. In einer ganzen Reihe von Verträgen mit den Türken wurden im Lauf des 18. Jahrhunderts Bestimmungen aufgenommen, die die Freiheit der katholischen beziehungsweise orthodoxen Religion auf dem Gebiet des Osmanischen Reiches sichern sollten. Jetzt wurden erste Schritte unternommen, um die bestehende Situation, den Status quo, als Basis für eine endgültige Regelung festzuschreiben, doch kaum war man sich einig geworden – wie etwa 1740 Frankreich und die Türkei oder 1774 beim Friedensschluss in Kütschük Kainardschi, als Russland versuchte, sich das Vertretungsrecht für die orthodoxe Kirche zu sichern –, da wurden die Verträge schon nach wenigen Jahren wieder gebrochen.

Inzwischen wurden die neuen Einflüsse der Zeit unmittelbarer spürbar. Neben dem Pilgerstrom, der unterdessen etwas nachgelassen hatte, machte sich ein neuer Besuchertyp aus dem Westen auf: Es war der wissenschaftliche und der literarische Reisende, der sich gelegentlich in Begleitung eines Malers befand. Pilgerfahrten aus dem Osten nahmen offensichtlich zu, wie man den inzwischen erhältlichen gedruckten Reiseführern entnehmen kann.

Die Französische Revolution mit ihrem Religionsverbot, Napoleons Ägyptenexpedition von 1798 und seine allerdings nur kurze und gescheiterte Invasion in Palästina sowie die darauf folgenden langen Kriegsjahre sorgten allerdings dafür, dass das Interesse der Westmächte sich von der osmanischen Frage abwandte. Langsam, aber sicher stärkte die orthodoxe Kirche hingegen ihren Einfluss in der Grabeskirche und an den heiligen Stätten insgesamt. Die Position der lateinischen Religionsgemeinschaft wurde durch den Abzug der Westmächte entsprechend geschwächt.

Brand, Wiederaufbau und die letzten hundert Jahre unter osmanischer Herrschaft 1808–1917

Seeleute der französischen Flotte auf Besuch im Heiligen Land ziehen in einer feierlichen Prozession hinter einer Gruppe von Mönchen um den Grabbau, der nach dem Brand von 1808 wieder aufgebaut worden war. Farbiger Kupferstich von E. F. Paris, 1862.

Am 12. Oktober 1808 (dem 30. September nach dem julianischen Kalender) brach auf der Südgalerie der Anastasis ein Feuer aus. Die Flammen breiteten sich rasch nach Norden und in das Kegeldach aus, das erst neunzig Jahre zuvor erbaut worden war. Nach fünf Stunden krachten die dicken Balken zu Boden und zerstörten die Kuppel des Grabbaus. Das Feuer zerstörte die Säulen und Pfeiler der Rotunde und die Wände, wurde aber durch die Tür aufgehalten. Sie überdauerte den Brand und wird heute im Museum des griechisch-orthodoxen Patriarchats aufbewahrt. Verrußt und an der unteren Außenseite etwas verkohlt, ansonsten aber unversehrt, hat die Tür wohl das Innere des Grabbaus vor den schlimmsten Hitze- und Rauchschäden bewahrt; allerdings wurden die Samtbehänge in der Engelskapelle zur Hälfte versengt.

Das Feuer hatte sich rasch nach Norden in den Wohnbereich der Muslime nördlich der Anastasis ausgebreitet. Dieser fing Feuer und brach in einige der unter ihm befindlichen lateinischen Gemächer ein. Im Osten breitete sich das Feuer bis unter das Dach des Katholikon bis hin zu dessen Ost-Apsis aus. Im Süden brannten die griechischen Räume zusammen mit den Golgotakapellen aus.

Die katholische, griechische und armenische Religionsgemeinschaft baten die Westmächte um Unterstützung für den Wiederaufbau, doch diese waren mit den napoleonischen Kriegen beschäftigt. So kam es, dass Sultan Mahmud II. (1808–39) im März 1809 unter Berufung auf ein osmanisches Dekret des Jahres 1757 einen neuen Erlass unterzeichnete, der die griechisch-orthodoxe Gemeinschaft mit dem Wiederaufbau betraute. Im darauf folgenden Jahr wurde diese Arbeit unter der Leitung eines griechischen Architekten aus Istanbul, Nikolaos Ch. Komnenos (1770–1821), vollendet.

Mit Unterstützung des Patriarchen hatte Komnenos von sich aus seine Dienste für den Wiederaufbau der Grabeskirche angeboten. Er verließ Istanbul am 3. Mai 1809 und am 11. September 1810 wurde die wiederhergestellte Kirche geweiht, also in erstaunlich kurzer Zeit angesichts dessen, was alles zu tun war. Die Arbeiten wurden von „romaischen" (d. h. orthodoxen) Baumeistern des Patriarchats Jerusalem unter Anleitung von Komnenos und Drakon, einem Maurermeister von Rhodos, sowie griechischen Maurermeistern aus Anatolien und Gipsern aus Kappadokien ausgeführt.

Komnenos und seine Mannschaft stellten das Katholikon wieder her, bauten eine neue Ost-Apsis mit einem auffälligen muschelförmigen Dach, restaurierten die Golgotakapellen und konstruierten eine neue Rotunde. Die Säulen und Pfeiler der Rotunde, die vom Feuer geschwärzt waren, wurden mit vergipstem Geröll verkleidet, das Dach bildete nun eine richtige Kuppel und das Innere wurde völlig neu dekoriert. Der Grabbau (Ädikula) wurde, wie aus einer Inschrift an der Vorderseite hervorgeht, im März 1810 auf den Grundmauern neu errichtet. Lediglich die Marmorverkleidung der Grabkammer und die unteren Wandreste der Außenseite blieben an ihrem Ort. Die Engelskapelle, die Gewölbe über der Kapelle und über der Grabkammer, die Außenmauern und die Kuppel wurden völlig neu in osmanisch-barockem Stil errichtet. Ein Mitglied der griechischen Religionsgemeinschaft, Maximos Simaios, zeichnete einigermaßen detailliert auf, was er von der ursprünglichen aus dem Fel-

Von seinem Thron vor der Ikonostase des Katholikon aus steht der griechische Patriarch dem Gebet vor. Im Vordergrund in der Mitte ist der so genannte Nabel der Welt zu erkennen. Radierung aus einem Zyklus von David Roberts, 1839.

sen gehauenen Grabbank erblickte, die im Lauf der Arbeiten zum Teil freigelegt wurde. Damit war er vor fast zwei Jahrhunderten der Letzte, der sie zu sehen bekam.

Die Kapelle der Kopten am Grabbau, die ebenfalls durch das Feuer zerstört worden war, wurde nicht sofort wiederhergestellt, sie taucht aber 1818 auf einem in jenem Jahr gezeichneten Plan der Kirche erneut auf.

Komnenos' Werk stieß bei westlichen Kritikern nicht gerade auf Gegenliebe, rettete aber das Bauwerk vor dem Verfall, ehe schließlich eine gründliche Restaurierung in den Siebzigerjahren des 20. Jahrhunderts möglich wurde. Seine größte Leistung war vermutlich die Neugestaltung des Dachs der Anastasis als eine echte Kuppel, die es seit der Zerstörung von Konstantins ursprünglicher Kuppel Anfang des 9. Jahrhunderts nicht mehr gegeben hatte. Schon in den Vierzigerjahren des 19. Jahrhunderts allerdings wurde Komnenos' Kuppel undicht und brüchig. Die Verhandlungen über einen Neubau zogen sich bis 1862 hin, als Frankreich, Russland und die Türkei sich darauf einigten, die Kosten gemeinsam zu übernehmen. Die Arbeiten wurden 1867–68 ausgeführt: Basis war ein vorgefertigtes schmiedeeisernes Gerüst, das vor Ort montiert wurde. Als man 1979 diese Metallstruktur überprüfte, stellte sich heraus, dass sie präzise konstruiert und in vorzüglichem Zustand war. Das Modell für diese bemerkenswerte Konstruktion wird immer noch im russisch-orthodoxen Hospiz aufbewahrt, das Gerüst selbst bildet bis heute das Kernstück der 1979–80 von britischen Ingenieuren konstruierten neuen Kuppel.

Ein Sultanserlass (Ferman) von 1811 stellte fest, dass der Wiederaufbau von 1809–10 durch die griechisch-orthodoxe Religionsgemeinschaft zu einer Zeit, als der Westen diplomatisch geschwächt war, die festgeschriebenen Rechte der katholischen und armenischen Gemeinschaften nicht beeinträchtige. Dadurch gelangte Westeuropa wieder in den Besitz des Grabbaus, obwohl er unter der Aufsicht der Griechen blieb. Die Lage in der Grabeskirche insgesamt und an den übrigen heiligen Stätten wurde schließlich durch einen Erlass des Sultans Abd Al Madschib I. vom Februar 1852 geregelt, der festlegte, dass der Zustand und die Bedingungen, die zu diesem Zeitpunkt für die einzelnen Gemeinschaften galten, weiterhin Gültigkeit behalten sollten. Zwar wurden damals und auch später noch einige Änderungen vorgenommen, aber grundsätzlich ist dies der rechtliche Status quo, unter dem die Gemeinschaften heute Seite an Seite in der Kirche miteinander leben. Der Status quo wurde 1855 im Vertrag von Paris und 1872 im Vertrag von Berlin bestätigt, desgleichen durch die Regierungen des Osmanischen Reichs, der Britischen Mandatsverwaltung, von Jordanien und von Israel.

Franziskanermönche beten im griechisch-orthodoxen Bereich der Golgotakapelle, der nach dem Brand in osmanisch-barockem Stil umgebaut worden war. Kupferstich von David Roberts, 1839. Gläubige können den Golgotafelsen durch eine silberne Scheibe unter dem Altar berühren.

1831 fiel Mohammed Ali, der Pascha von Ägypten, in Syrien ein und besetzte Jerusalem. Die folgenden neun Jahre seiner Herrschaft standen im Zeichen der Modernisierung. Die öffentliche Sicherheit nahm zu, die Straßen wurden weniger gefährlich und eine Flut von Reisenden aus dem Westen strömte in das Land, darunter der englische Reisende und Handschriftensammler Robert Curzon, der sich auf einer Reise durch die Klöster der Levante befand. Curzon besuchte die Grabeskirche am orthodoxen Osterfest am 3. Mai 1834 und beobachtete die Zeremonie des heiligen Feuers von der lateinischen Galerie auf der Nordseite der Rotunde aus, wo auch der ägyptische Gouverneur, Ibrahim Pascha, saß. Die Kirche war möglicherweise ungewöhnlich stark besucht, die Spannung war greifbar, aber Curzons Beschreibung zufolge verlief die Zeremonie mehr oder weniger normal, bis Ibrahim Pascha die Kirche verlassen wollte. Um den Salbungsstein gab es plötzlich ein heftiges Gedränge, als sich die Menschen buchstäblich ihren Weg aus der Kirche durch die einzige Tür zum Vorhof erkämpften. Der Pascha entkam nur mit Mühe und auch Curzon kam gerade noch davon, aber mehr als hundert Menschen starben und noch weit mehr wurden verletzt. Der Pascha, der als Vertreter der ägyptischen Regierung die Kontrolle über Palästina innehatte, setzte sich sofort dafür ein, dass wieder Ordnung einkehrte und für die Toten und Verletzten gesorgt wurde.

Unter den Reisenden aus dem Westen, die nun immer zahlreicher in Palästina eintrafen, befanden sich auch Maler wie David Roberts, Missionare und Gelehrte, manchmal auch in Personalunion wie der amerikanische Protestant Edward Robinson, der 1838 das Heilige Land besuchte. Robinson setzte alles daran, die Heilige Schrift als authentisch nachzuweisen, mit demselben Eifer allerdings lehnte er nahezu jede heilige Stätte in Jerusalem ab. So erklärte er kurzerhand, das Heilige Grab, das er nur ein einziges Mal aufgesucht hatte, sei „frommer Aberglaube“. Das war umso peinlicher, als Robinson bereits ein renommierter Bibelgelehrter war und seit 1837 die Professur für Biblische Literatur am Union Theological Seminary in New York bekleidete. Robinson machte in Palästina zahlreiche Aufsehen erregende Entdeckungen und Beobachtungen, nicht zuletzt auch in Jerusalem, wo er als Erster auf den unterirdischen Kanal zwischen der Gihonquelle und dem Siloahteich stieß; heute noch trägt der Robinsonbogen in der Südwestecke des Tempelbergs seinen Namen. Seine Autorität verlieh zweifellos einigen protestantischen Gruppierungen Rückendeckung, die die Authentizität des Heiligen Grabes nicht anerkannten, was zu einer Suche nach alternativen Standorten führte. Vor diesem Hintergrund „entdeckte“ der englische General Gordon 1883 am Morgen nach seiner Ankunft in Jerusalem einen neuen Kalvarienberg vor der nördlichen Stadtmauer. Ein Grab in der Nähe dieser

Die Fassade der Grabeskirche, wie sie seit dem 19. Jahrhundert aussieht. Man beachte das Fehlen der oberen Geschosse des Glockenturms, die durch ein Erdbeben zerstört wurden. Die Kuppelform des Katholikon, hier in einem Kupferstich von W. H. Barlett aus dem Jahr 1842, änderte sich im späten 19. Jahrhundert.

Stelle wurde als das Grab Christi identifiziert. Heute ist es unter dem Namen Gartengrab bekannt und wird als idyllische Gebetsstätte für Pilger gepflegt, auch wenn „keine Chance besteht, dass es sich tatsächlich um die Stelle handelt, an der Christus begraben wurde“(Jerome Murphy-O'Connor).

In der seriösen akademischen Diskussion hat seit den erhitzten Debatten des 19. Jahrhunderts die Kontroverse über die Authentizität der Stelle kaum eine Rolle gespielt. Die neuen Erkenntnisse über die Topographie und Archäologie des nordwestlichen Viertels von Jerusalem und insbesondere über die Lage der Grabeskirche sind zwar immer noch inhaltlich und qualitativ ungenügend, liefern aber keine Hinweise darauf, dass diese Stätte nicht die authentische Grabstelle Christi sei.

Im 19. Jahrhundert wurden umfangreiche und solide Forschungsarbeiten über Jerusalem verfasst, allen voran *The Architectural History of the Church of the Holy Sepulchre,* die 1849 von dem Engländer Robert Willis, Professor an der University of California, veröffentlicht wurde. Zum ersten Mal wurde hier die Baugeschichte des Grabes und der Kirche detailliert beschrieben, die auf einer genau maßstabsgetreuen Zeichnung – der ersten überhaupt! – des Architekten J. J. Scholes sowie auf Holzmodellen der Kirche, die für Pilger gefertigt wurden und im British Museum aufbewahrt werden, basierte, aber auch neuere russische Lithographien und Zeichnungen berücksichtigte. Bei genauer Lektüre von Willis' Buch wird allerdings deutlich, dass er selbst Jerusalem nie besucht hat. Dennoch bildet seine Untersuchung einen Meilenstein in der Geschichte der Kirche und ist selbst heute noch von Nutzen.

Willis schrieb sein Buch ohne auf den Vorteil von Fotografien zurückgreifen zu können, obwohl die ersten Lichtbilder bereits 1839, also zehn Jahre vor der Veröffentlichung seines Buches in Jerusalem aufgenommen worden waren. Die frühesten Fotografien von der Außenseite der Grabeskirche nahm 1850 der Franzose Maxime du Camp auf; ihnen folgten die Arbeiten des Deutschen

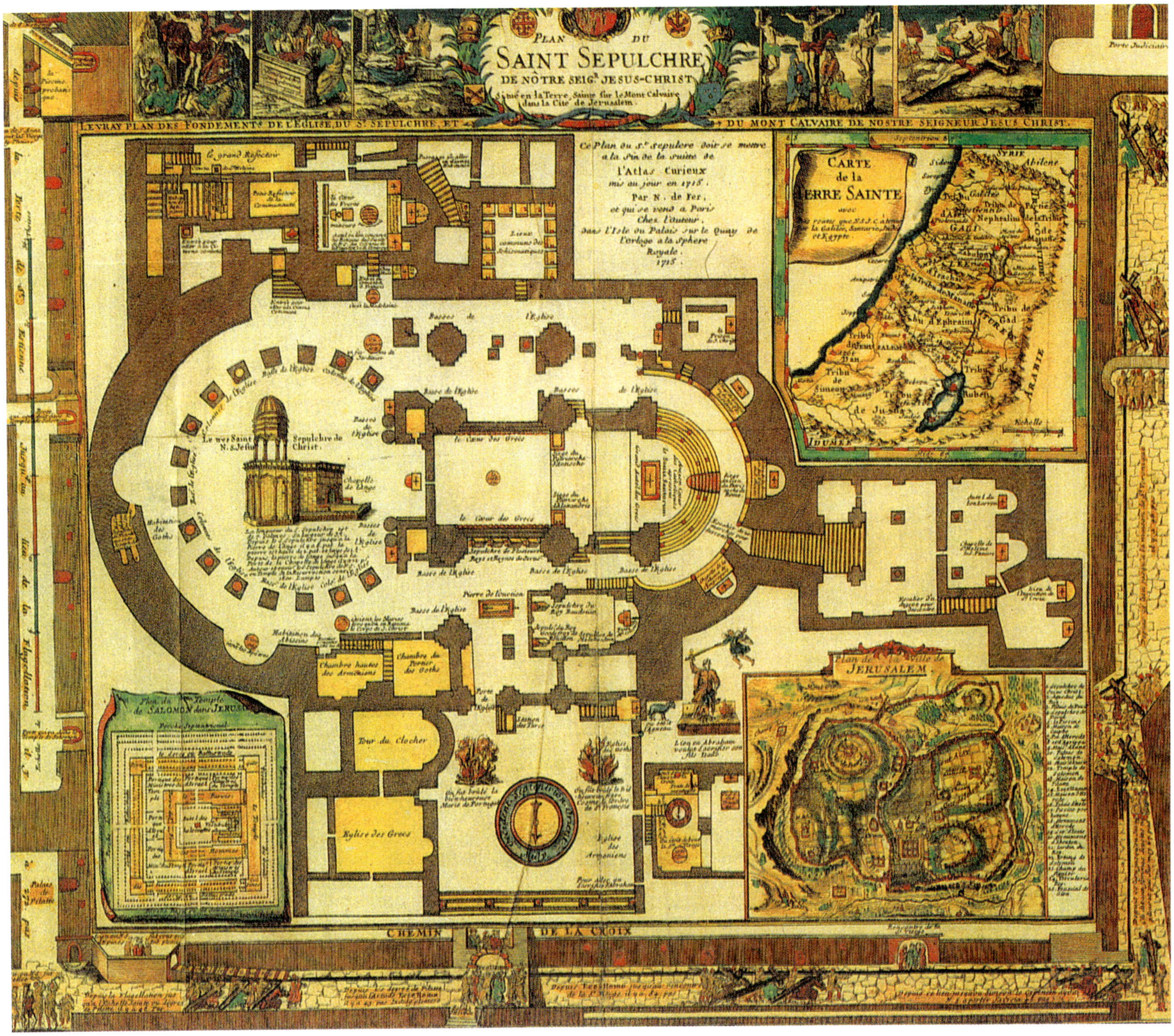

Der erste bekannte Plan der Grabeskirche von De Fer aus dem Jahr 1715. An den Rändern befinden sich Darstellungen der 14 Kreuzwegstationen auf der Via Dolorosa und in der Kirche selbst. In drei Ecken sind auf Karten das Heilige Land, Jerusalem und ein Plan von Salomos Tempel dargestellt.

August Salzmann aus dem Jahr 1854 und von da an widmeten sich unzählige Fotografen der Grabeskirche. Die vielleicht bemerkenswerteste Aufnahme entstand 1861 – ein Blick von Norden über den Muristan zur Kirche. Der Muristan (heute Muristan-Viertel) ist hier noch ein offenes Feld; die Kirche wirkt daher, als stünde sie im Freien und nicht im Zentrum einer alten Stadt. Es sollte noch einige Zeit vergehen, bis die ersten Innenaufnahmen der Grabeskirche entstanden.

Die letzten Jahre des 19. und der Anfang des 20. Jahrhunderts verliefen für die Grabeskirche relativ friedlich. Am auffälligsten war der Anstieg der Pilgerströme aus dem orthodoxen Russland. Zu Beginn des 20. Jahrhunderts kamen an Ostern jeweils 9000 Pilger nach Jerusalem, die Kerzen am heiligen Feuer entzündeten und mit nach Hause nahmen. Das Osterfest 1914 war es das letzte Mal, dass Russen in Jerusalem weilten. 1915 bereits befanden sich Russland und die Türkei im Ersten Weltkrieg in feindlichen Lagern, und zwei Jahre später beendete für die folgenden siebzig Jahre die Russische Revolution das russische Engagement im Heiligen Land.

Die Grabeskirche im 20. Jahrhundert 1917–2000

Am 9. Dezember 1917 endete die osmanische Herrschaft über Jerusalem und der Bürgermeister übergab die Stadt den britischen und amerikanischen Streitkräften unter General Sir Edmund Allenby. Nachdem der britische Befehlshaber die Stadt zu Fuß durch das Jaffator betreten hatte, wandte er sich zwei Tage später von den Stufen der Zitadelle aus in seiner Rede an die „Einwohner des gesegneten Jerusalem“:

„Da Ihre Stadt von den Anhängern der drei großen Religionen der Menschheit verehrt wird und ihr Boden durch die Gebete und Pilgerfahrten so vieler frommer Menschen dieser drei Religionen über so viele Jahrhunderte hindurch geweiht wurde, verkünde ich Ihnen hiermit, dass jedes heilige Gebäude, jedes Denkmal, jeder heilige Ort, jedes Heiligtum, jede traditionsreiche Stätte, jede Stiftung, jedes fromme Vermächtnis und jede traditionelle Gebetsstätte der drei Religionen in welcher Form auch immer gemäß den bestehenden Gepflogenheiten und Glaubensüberzeugungen jener, durch deren Glauben sie geheiligt wurden, aufrechterhalten wird.“

Allenbys Erklärung hatte die Unterstützung der britischen Regierung, die damit deutlich machte, dass sie sich hinsichtlich der heiligen Stätten und, was die christlichen Stätten betraf, der Aufrechterhaltung des Status quo in die Pflicht genommen sah, wie es schon die Osmanen vor ihnen getan hatten und wie es ihre Nachfolger Jordanien und Israel später tun sollten.

Fast unmittelbar nach ihrem Einzug in Jerusalem inspizierten die Briten im Bereich der „Occupied Enemy Territory Administration“ (OETA) alle Altertümer. Schon bald waren sie entsetzt über den Zustand der Grabeskirche. In einem langen Bericht über die Altertümer Jerusalems und seines Distrikts schrieb Capt. E. Mackay, der „Inspector of Antiquities, O.E.T.A. (South)“ Ende 1919, der Grabbau stehe kurz vor dem Einsturz.

Ronald Storrs, der Militärgouverneur von Jerusalem, bat sogleich die lateinischen, griechischen und armenischen Patriarchen, den Brauch, zur Fastenzeit das Grab mit allerlei Zierat zu behängen, auszusetzen. Die Patriarchen konnten sich nicht auf einen gemeinsamen Beschluss einigen, und Storrs schrieb ihnen, er lege jegliche Verantwortung „für einen möglichen Schaden, der dem heiligen Bau zustoßen könnte, ... vor die Tür“ der Patriarchen.

Vor dem Neubau der Kuppel 1868, bei dem die obere Öffnung geschlossen worden war, war durch die offene Kuppel Regen auf den Grabbau getropft, wodurch die Eisenkrampen, die die Steine zusammenhielten, im Lauf der Jahre verrosteten. Alarmiert durch offene Risse zwischen den sich vorwölbenden Steinen, ließ die damalige Mandatsverwaltung von Palästina 1926 das Grab überprüfen. Nach längeren Verhandlungen erhielten die Behörden von den Religionsgemeinschaften die Genehmigung, einige Steine an der Nordseite des Grabbaus entfernen zu dürfen, um das Wandinnere inspizieren zu können. Die Briten waren einigermaßen beruhigt. Ihr Bericht machte deutlich, dass das Bauwerk eine solide und sichere Kernsubstanz besaß.

Nach dem Erdbeben von 1927 wurde der Grabbau schwer beschädigt. 1946 ließ daher die Abteilung für öffentliche Bauten der britischen Mandatsverwaltung den Grabbau mit Gerüsten umgeben. Die Stützen von damals sind bis heute geblieben.

Die Kirche, die sich ohnehin schon durch jahrelange bauliche Vernachlässigung und ungenügende Wartung in einem prekären Zustand befand, wurde 1927 bei einem schweren Erdbeben massiv beschädigt, aber der Grabbau, die sogenannte Ädikula, hielt stand. Lediglich die dringendsten Arbeiten, die Neukonstruktion der Kuppel über der Vierung des Katholikon, wurden für die griechische Gemeinde 1935 nach Plänen des britischen Architekten William Harvey durchgeführt. Das Gebäude wurde mit Stahl- und Holzbalken abgestützt, und die nächsten dreißig Jahre über war die ganze Kirche ein einziger Gerüstwald.

1946 offenbarte eine erneute Überprüfung des Grabbaus, dass sich sein „Zustand am Rand der Instabilität befindet und ein Neubau aus Sicherheitsgründen unverzichtbar ist". Im März 1947 ließ die Abteilung für öffentliche Bauten als letzte Handlung der britischen Mandatsverwaltung an der Grabeskirche den Grabbau mit einem Stahlgerüst umgeben.

Die Verzweiflung jener Jahre war so groß, dass die lateinische Religionsgemeinschaft einen Plan für einen Neubau der Grabeskirche mit völlig neuem Aussehen vorlegt. Der Plan der Architekten Luigi Marangoni und Antonio Barluzzi, der 1939 in Auftrag gegeben worden war und ursprünglich auf der gescheiterten Weltausstellung in Rom 1942 ausgestellt werden sollte, sah einen vollständigen Abriss der alten Kirche und den Bau einer riesigen Kirche mitten auf einem freien Platz vor, der an Größe mit dem Tempelberg, dem Haram esh Sharif, konkurrieren sollte. Der Plan wurde schließlich 1949, zum 800. Jahrestag der Weihe der Kreuzfahrerkirche im Jahr 1149, veröffentlicht, er fand aber wenig Zustimmung und wurde nie ernstlich in Erwägung gezogen.

Als Folge des Israelisch-Arabischen Krieges von 1948–49 ging die Verantwortung für die heiligen Stätten einschließlich der Grabeskirche in die Hände der jordanischen Regierung über, die die Tradition der türkischen und britischen Verwaltung weiterführte, den Status quo schützte und aufrechterhielt. Inzwischen war dank eines verbesserten ökumenischen Klimas auch eine Restaurierung möglich geworden. Einem 1958 von den drei großen Religionsgemeinschaften eingesetzten „Gemeinsamen Technischen Ausschuss" gelang eine vorzügliche Wiederherstellung des alten Baukomplexes, wie er von Konstantin, Byzanz und den Kreuzfahrern geschaffen worden war, und zwar sowohl des Katholikon als auch der Querschiffe und der Rotunde.

Nach dem Sechstagekrieg 1967 übernahm die israelische Regierung die Verantwortung aller vorherigen Administrationen zum Schutz der heiligen Stätten in Jerusalem und zur Erhaltung der Grabeskirche. Die langen Restaurierungsarbeiten an der Grabeskirche wurden ohne Unterbrechung fortgesetzt. Über dem Grab Christi krönte eine neue Kuppel die Rotunde der Anastasis, die 1979 bis 1981 von britischen Ingenieuren für die lateinische, griechisch-orthodoxe und armenische Glaubensgemeinschaft nach den Vorgaben des Eisengerüsts von 1868 konstruiert worden war, das zwischen der Innen- und Außenwand an seiner Stelle verblieb. Das Innere der neuen Kuppel blieb jahrelang eingerüstet und unverziert, aber schließlich einigten sich die Religionsgemeinschaften. 1996 wurde die heutige Ausschmückung rechtzeitig zu einer ökumenischen Feier am 2. Januar 1997 beendet, die die dreijährigen Vorbereitungen für das große Jubiläum im Jahr 2000 einläutete. Unterdessen hatte 1988 Professor George Lavas, ein Architekt der griechisch-orthodoxen Religionsgemeinschaft, erfolgreich die Restauration von Golgota vollendet, sodass die Spitze des Kalvarienbergs nun für alle sichtbar wurde. Heute, 1665 Jahre nach dem Bau der ersten Grabeskirche durch Kaiser Konstantin, steht die Stätte erwartungsvoll an der Schwelle des dritten Jahrtausends. Pläne für künftige Restaurierungs- und Erhaltungsmaßnahmen liegen bereits vor, um den baulichen Zustand der Kirche als wichtigste christliche Stätte im Heiligen Land zu verbessern.

12
11
10
13
16
9
14
15
8
4
5
6
7
3
1
2

1. *Vorhof*
2. *Jakobuskapelle*
3. *Johanneskapelle*
4. *Kapelle der Vierzig Märtyrer*
5. *Kapelle der Schmerzen*
6. *Adamskapelle*
7. *Golgota*
8. *Griechische Golgotakapelle*
9. *Salbungsstein*
10. *Engelskapelle*
11. *Heiliges Grab*
12. *Rotunde*
13. *Kapelle der Maria von Ägypten*
14. *Nabel der Welt*
15. *Katholikon*
16. *Bogengang der heiligen Jungfrau*
17. *Treppe zur Krypta der hl. Helena*
18. *Helenakapelle*
19. *Zur Grotte der Kreuzauffindung*

Die Kunst der Kreuzfahrerzeit in der Grabeskirche

Die Grabeskirche war zur Zeit der Kreuzfahrer eine der prächtigsten Pilger- und Grabstätten der christlichen Welt. Dank ihrer komplexen Architektur und der prunkvollen Ausstattung, in denen östliche und westliche Einflüsse zu einer Einheit verschmolzen, nahm sie unter den anderen Sakralbauten eine herausragende Stellung ein und übte einen wesentlichen Einfluss auf die Kunst der Kreuzfahrerstaaten um die Mitte des 12. Jahrhunderts aus. Die Maurer, Architekten, Bildhauer, Mosaikkünstler und Maler unterschiedlicher Herkunft, die an ihrer Ausgestaltung mitwirkten, standen unter dem Einfluss verschiedener Stilrichtungen und schufen ein wahrhaft kosmopolitisches Gesamtkunstwerk. Im Kern war es eine Pilgerkirche abendländischer Prägung mit einer Apsis, einem Umgang und drei sternförmig angelegten Kapellen. Hinzu kamen die östlichen Elemente – drei Kuppeln auf hohen Trompen, ausgerichtet auf die von einer Kuppel gekrönten Vierung und die Rotunde –, die der Kirche ihren eigenen Charakter verliehen.

Das Rippengewölbe, gekuppelte Säulen und Halbsäulen sowie breite Spitzbögen verstärkten zusätzlich den einzigartigen Charakter der Kirche.

Die reiche Ausstattung, die zum größten Teil verloren ging, bestand aus monumentalen Malereien: Wand- und Bodenmosaiken und Fresken sowie dekorativen – auch figürlichen – Plastiken. Die Ausstattung konzentrierte sich auf die verschiedenen heiligen Stätten innerhalb der Kirche und verband die unterschiedlichen Teile der Kirche durch aufeinander bezogene Episoden. Pilger aus dem 12. Jahrhundert priesen in ihren Berichten außerdem die auserlesenen Marmorböden, Türen, Altäre, Glocken, Gitter, Ikonen, Stoffe, Lampen, Kerzenhalter, Kelche, Krummstäbe, Edelstein-, Email-, Metall- und Goldarbeiten, die der Kirche eine einzigartige Pracht verliehen.

Zwei Stürze mit Reliefs und Spitzbögen zieren das Doppelportal (rechts). Die Detailaufnahme (oben) zeigt einen Teil eines Fassadenkapitells.

Die Südfassade

Die monumentale Fassade des südlichen Querschiffs, die als Haupteingang der Grabeskirche diente, ist eine der reichsten und bedeutendsten baulichen Ausdrucksformen der Kreuzfahrerkunst aus dem Zeitalter des Lateinischen Königreiches von Jerusalem. Vorgesehen waren ursprünglich zwei Geschosse, ein monumentales Doppelportal und Doppelfenster mit breiten Spitzbögen über den Türen. Diese waren mit figürlichen Darstellungen und mit Laubwerkschnitzereien verziert. Rechts neben dem Eingang befindet sich außen die Frankenkapelle mit ihrer Kuppel, die üppig mit Mosaiken verziert ist (siehe auch S. 80), während links vom Portal ein riesiger, ursprünglich fünfgeschossiger Glockenturm steht. Das Doppelportal mit seinen zugespitzten Bögen war mit marmornen Säulen und Halbsäulen verziert, die auf Sockeln ruhten und von Kapitellen bekrönt waren. Ein Blumenfries rahmte die Türen und setzte sich horizontal entlang der Wand fort. Oberhalb der Türen gab es zwei skulptierte Stürze. Entlang der Spitzbogen der Türen erstreckte sich ein Rosettenfries, der sich an der Wand fortsetzte. Das Hauptmotiv dieses Frieses ist eine Rosette, die sich um eine kleinere, innere Blume windet. Die zu symmetrischen Vierergruppen angeordneten Rosetten werden von kleinen Palmetten durchbrochen.

Westlicher Türsturz. Erste Szene links: Die Erweckung des Lazarus. Zweite Szene von links: Jesus und seine Jünger treffen Maria Magdalena und Martha. Dritte Szene von links, untere Hälfte: Die Vorbereitung des Passah-Lamms. Zwei Männer, möglicherweise die Jünger Petrus und Johannes, bereiten unter einem siebenfachen Bogen das Osterlamm (Lukas 22,7–13).
Man hat auch versucht, diese Szene zusammen mit den beiden folgenden als Vertreibung der Geldwechsler und Reinigung des Tempels zu interpretieren (Matthäus 21,12–14; Markus 11,15–17; Lukas 19,45–46; Johannes 2,13–16). In diesem Fall wären die beiden von Vögeln (möglicherweise Tauben) umgebenen Männer Händler im Tempelhof, der durch einen siebenfachen Bogen dargestellt ist.

Dritte Szene von links, obere Hälfte: Vorbereitungen auf die kommenden Ereignisse. Unter einem Doppelbogen stehen Jesus mit einem Kreuznimbus über dem Kopf auf der linken und ein Jünger auf der rechten Seite; beide beobachten, wie die übrigen Jünger den Ort durch eine Tür verlassen, um Vorkehrungen für die kommenden Ereignisse zu treffen: den Einzug in Jerusalem und das Abendmahl (dargestellt in der vierten und fünften Szene).
In Fortführung der Deutung der unteren dritten Szene (s. oben) als „Vertreibung der Geldwechsler" würde Jesus hier auf der linken Seite zwei Händler aus dem Tempel vertreiben, der durch den Doppelbogen symbolisiert ist.

Die Südfassade weist ikonographische und stilistische Elemente aus dem Osten wie aus dem Westen auf. Die mehrgeschossige Fassade verrät französische und spanische Einflüsse des 12. Jahrhunderts, das Doppelportal und die Spitzbögen sind regional und arabisch geprägt. Zur Bauplastik gehören auch die Reliefleisten an den Türstürzen (siehe unten), verschiedene Friese mit Blütenmustern, Friese an den Gesimsen und vier verschiedene Typen von Kapitellen sowie weitere Komponenten, die nicht erhalten blieben.

Die Türsturzreliefs der Südfassade

Zur umfangreichen Ausstattung der Fassade gehörten zwei Reliefs an den Stürzen des Doppelportals. Diese Stürze gehören zu den bedeutendsten künstlerischen Zeugnissen des Lateinischen Königreichs von Jerusalem und zu den wenigen figürlichen plastischen Arbeiten im Jerusalem der Kreuzfahrerepoche.

Die Reliefs wurden gesondert aus dünnen rechteckigen Marmorplatten geschnitzt und dann an den Portalen angebracht. Die Forscher sind sich nicht einig, wann sie fertig gestellt wurden; einige plädieren für die frühen Fünfzigerjahre des 12. Jahrhunderts, andere für einen späteren Zeitpunkt,

Vierte Szene von links: Der Esel und das Fohlen werden gebracht. Zwei Jünger bringen den Esel und das Fohlen von Betfage (Matthäus 21,1–7; Markus 11,1–7; Lukas 19,29–35).
Als Fortführung der Deutung der unteren dritten Szene (s. oben) als „Vertreibung der Geldwechsler" stellen Ochs und Kalb hier das im Tempelhof gekaufte und verkaufte Vieh dar. Einige Händler auf der rechten Seite beobachten das Geschehen.
Fünfte Szene von links, schwer beschädigt: Der Einzug in Jerusalem. Jesus und seine Jünger ziehen in Jerusalem ein; hinter ihnen der Ölberg, rechts das Stadttor und eine Palme mit einer Menschenmenge und Kindern, die auf den Baum klettern, vermutlich um Jesus zu begrüßen (Matthäus 21,8–11; Markus 11,8–11; Lukas 19,36–38; Johannes 12,12–19).

Sechste Szene von links: Das Abendmahl. In der Mitte befindet sich Jesus mit einem Kreuznimbus unter einem dreifachen Bogen und einem Gebäude mit Kuppel (vergleichbar der ersten Szene von links). Zu beiden Seiten stehen die Jünger. Jesus umarmt einen von ihnen, vermutlich Johannes. Judas Ischariot sitzt an der gegenüberliegenden Tischseite. Der Tisch ist dargestellt durch das Tischtuch, das über den Schoß der Sitzenden gespannt ist; auf ihm liegen Brotlaibe und Messer (Matthäus 26,20–29; Markus 14,17–25; Lukas 22,14–38; Johannes 13,1 ff.).

aber in jedem Fall vor 1187. Im Jahr 1929 wurden die Stürze für konservatorische Maßnahmen abgenommen; seither werden sie im Rockefeller-Museum in Jerusalem ausgestellt.

Der ursprünglich westliche Sturz (links) enthält figürliche Szenen aus dem Leben Jesu vor der Kreuzigung; der ehemals östliche (rechts) wird beherrscht von einem Weinrankenmotiv mit Menschen- und Tierdarstellungen, die in die Ranken eingearbeitet sind. Jüngere Untersuchungen haben nachgewiesen, dass die Stürze stilistisch und ikonographisch mit den architektonischen Reliefs an Kirchen in Mittelitalien verwandt sind.

Der figürliche Türsturz

Darstellungen von Gebäuden teilen den westlichen Türsturz (links) in einzelne Bildtafeln mit Szenen aus dem Leben Christi. Üblicherweise liest man den Sturz als erzählerische Bildfolge von links nach rechts. Ganz links ist die Auferweckung des Lazarus dargestellt, gefolgt von der Begegnung von Jesus und seinen Jüngern mit Maria Magdalena und Martha. Beide Szenen werden durch ein Stadttor miteinander verbunden beziehungsweise voneinander getrennt. Die nächste Tafel besteht aus zwei Tei-

Die Auferweckung des Lazarus (Ausschnitt). Dieses Ereignis fand in Lazarus' Haus in Betanien statt, dargestellt durch ein dreibogiges Gebäude mit Kuppel. Rechts steht Jesus mit einem geöffneten Buch in der Linken und spendet mit der Rechten seinen Segen. Neben ihm hebt Maria dankbar die Hände empor. Links rollen zwei Männer einen Stein von Lazarus' Grab. Lazarus, der bereits auferstanden ist, steht in seinen Leichentüchern neben dem Grab. Er ist umgeben von Nachbarn, die dem Wunder beigewohnt haben; einige heben ihre Arme vor Verwunderung, andere greifen sich an die Nase, möglicherweise um Tränen abzuwischen, vielleicht aber auch wegen des Geruchs des Todes (Johannes 11,38–44).

Jesus und seine Jünger treffen Maria Magdalena und Martha (Ausschnitt). Diese Begebenheit trug sich in Betanien unweit von Jerusalem zu. In der Mitte steht Jesus auf einem Stein mit einem Kreuznimbus um seinen Kopf; der Stein könnte Symbol für das Universum sein oder eine bestimmte Stelle für die Pilger markieren. In einem Arm hält Jesus ein Buch, den anderen hat er erhoben, um die beiden verschleierten Frauen zu segnen: Martha küsst ihm dabei die Füße, Maria hebt ihre Hände empor und fleht um die Auferweckung des toten Lazarus. Auf der linken Seite befinden sich hinter den Frauen bärtige Männer an einem Stadttor. Auf der rechten Seite stehen vier jüngere Männer (Johannes 11,17–33). Eine andere Deutung sieht in dieser Szene eine Erscheinung Christi nach seiner Auferstehung. Hinter ihm knien die Jungfrau Maria und Maria Magdalena, auf der linken Seite befinden sich Pilger, auf der rechten vier Jünger.

Oben: *Der östliche Sturz wird beherrscht von spiralförmigen Zweigen, die runde Medaillons bilden. Darin sind eingeflochten die Darstellungen von nackten jungen Männern (äußerste Medaillons links und rechts), Raubvögeln (die zweiten Medaillons links und rechts) und hybriden Figuren (im mittleren Medaillon).*

Ausschnitt aus dem Medaillon mit den nackten jungen Männern: Hier sind die Körper von drei nackten Jünglingen in den spiralförmigen Zweigen verstrickt. Die Jugendlichen halten die Zweige so, als wollten sie das Medaillon drehen.

Ausschnitt aus dem mittleren Medaillon: Die obere rechte, in die Zweige verflochtene Figur ist ein Zentaur – halb Pferd, halb Mann – mit Pfeil und Bogen; links ein nackter junger Mann; darunter eine Harpyie mit einem Frauenkopf auf einem Vogelkörper.

len: der untere zeigt die Vorbereitung des Passah-Lamms, der obere die Vorbereitung auf die kommenden Ereignisse. In der vierten Szene werden der Esel und das Fohlen gebracht. Sie ist mit der nächsten Szene – dem Einzug in Jerusalem – verbunden durch die Darstellung des Ölbergs im Hintergrund. Das Abendmahl beendet die Sequenz (siehe die Untertitel der Detailabbildungen).

Die Reihenfolge der dargestellten Szenen und ihre Ikonographie spiegelt nicht die Chronologie der Ereignisse um Jesus wider, sondern wahrscheinlich die Topographie und Reihenfolge der Stätten, die ein Pilger Mitte des 12. Jahrhunderts in und um Jerusalem aufgesucht haben dürfte. Alle diese Begebenheiten fanden unmittelbar vor der Passion, dem Tod und der Auferstehung Christi statt, die in der Grabeskirche an bestimmten Stellen gefeiert werden. Die Szenen lassen sich andererseits auch deuten als Festereignisse, deren wichtigstes – Christi Triumph über den Tod – in der Kirche selbst ihren Platz hat. Eine andere Deutung liest die Szenen von der Mitte nach außen und geht davon aus, dass der Sturz die zwei Naturen in Jesus offenbart: seine menschliche Natur, dargestellt durch den Einzug in Jerusalem und das Abendmahl, und seine göttliche Natur, dargestellt durch Christi Erscheinung auf der Erde nach seiner Auferstehung und die Auferweckung des Lazarus (siehe die Untertitel der Detailabbildungen).

Der Weinrankensturz

Der östliche Sturz ist beherrscht von einem mächtigen spiralförmigen Zweig, der runde Medaillons bildet – fünf große sowie vier kleine, paarweise angeordnete Medaillons dazwischen. Die Medaillons sind verziert mit konzentrisch verlaufenden Zweigen voller Blätter, Früchte und Blüten. In den großen Medaillons sind verschiedene Figuren zu erkennen: hybride Figuren und ein nackter junger Mann in der Mitte, Raubvögel in den flankierenden Medaillons und nackte junge Männer an den beiden Enden (siehe Detailabbildungen). Ein Wellenband umschließt den Türsturz.

Die in dem Türsturz dargestellten Themen haben ihren Ursprung in frühchristlichen Motiven, wie sie für den Mittelmeerraum charakteristisch sind und die in vielfacher Ausprägung im 12. Jahrhundert aufgekommen sind. Einige Forscher gehen davon aus, dass dieser Türsturz symbolische Darstellungen des Schicksals der Sünder enthält – die nackten jungen Männer seien gefangen von den Qualen der Hölle, dargestellt durch die hybriden Gestalten. Andere sind der Ansicht, das Bildprogramm des Türsturzes basiere auf dem Motiv des *arbor vitae* – des Lebensbaums, einer symbolischen Darstellung der Schöpfung überhaupt, die durch das Opfer Christi erlöst wurde.

Die Frankenkapelle

Die viereckige Kapelle mit Kuppel wurde auf der östlichen Seite der Südfassade errichtet. Sie hatte zwei Fenster mit Rundbögen, die von zwei Säulen getragen und von einem Fries eingerahmt wurden. Ein breites, konkaves Relief oberhalb des westlichen Fensters ist erhalten geblieben. Es zeigt ineinander verflochtene Weinstöcke, in denen Vögel an Weintrauben picken. Der Fries über dem südlichen Fenster zeigt eine Variation des gleichen Themas mit kleineren Vögeln, die zwischen den Blättern einer Obststaude sitzen.

Die Nordseite der Kapelle, die ursprünglich als Eingang zur Golgotakapelle diente, ist heute zugemauert, aber das Portal ist erhalten geblieben. Es wurde auf beiden Seiten von drei Säulen flankiert, die von mächtigen, mit Arkanthusblättern verzierten Kapitellen und von einer Reliefleiste ähnlich der an der Kirchenfassade gekrönt waren. Das innere Tympanon war mit prächtigen Marmorreliefs verziert; diese zeigten gewundene Akanthusblätter, im unteren Bereich mit kleinen, im oberen Bereich mit größeren Weintrauben durchsetzt. Seit Beginn der Christianisierung stehen diese Symbole – Weintrauben und Vögel – für die Eucharistie und das Paradies. Oberhalb des Tympanons ist am Portal noch ein kunstvoll gearbeitetes Mosaik erkennbar. Dies ist alles, was von der einst reichen Mosaikverzierung übriggeblieben ist (siehe „Die Mosaiken und Fresken").

Die lateinische Frankenkapelle, auch bekannt als Kapelle der Schmerzen. Diese Kapelle wurde im 12. Jahrhundert erbaut und bot damals einen direkten Zugang zum Kalvarienberg. Der Ausschnitt zeigt den inneren Bogen der Kapelle mit einem der wenigen erhaltenen Beispiele für die geometrisch geprägten Mosaike der Kreuzfahrerzeit.

Die Bauplastik

Der unterschiedliche Stil der plastischen Elemente aus der Kreuzfahrerzeit legt den Schluss nahe, dass sie von zwei oder sogar mehreren Bildhauermannschaften ausgeführt wurden. Die meisten Kapitelle waren mit Blattmustern verziert, vor allem mit spitz- und rundblättrigem Akanthus. Mehrere Kapitelle sind erhalten, darunter Doppelkapitelle mit den Darstellungen von Ungeheuern, Masken, Flecht- und Akanthusmustern sowie das „geflügelte Salomo-Kapitell" im nördlichen Seitenquerschiff. Sechs Kapitelle schmückten den Eingang zum Gefängnis Christi, darunter eines mit dem ungewöhnlichen Bild von „Daniel in der Löwengrube".

Insgesamt 96 Konsolen, von denen etliche heute zerstört sind, wurden nahezu kreisförmig auf dem Außensims der Kuppel der Rotunde geschnitzt. Sie enthalten eine Vielzahl architektonischer, geometrischer, pflanzlicher und figürlicher Motive. Zu letzteren gehören Männerköpfe, ein Dämon, Pferde, Stiere und ein Esel.

Die Mosaiken und Fresken

In den Berichten der Pilger ist zu lesen, die Grabeskirche habe zur Zeit der Kreuzfahrer dank der Fülle an Mosaiken einen besonderen Glanz ausgestrahlt, doch diese Mosaiken sind heute allerdings zum größten Teil verloren. Sie machten ganz im Stil der byzantinischen Tradition den Großteil der Ausstattung aus. Stil und Technik spiegeln östliche byzantinische Einflüsse wider sowie – vor allem in den reinen Ziermustern – eine lokale muslimische Tradition.

In der Rotunde blieben die byzantinischen Mosaiken aus der Mitte des 12. Jahrhunderts mit Darstellungen von Konstantin, Helena, den zwölf Aposteln, zwölf Propheten und dem hl. Michael erhalten. Das Bild der Auferstehung, das sich ursprünglich in der Apsis der Rotunde befand, wurde von den Kreuzfahrern weiter nach Osten in ihre Haupt-Apsis verlegt. Der Grabbau, die Ädikula, war mit Mosaiken geschmückt, die die Grablegung und die „drei Marien“ am Grab zeigten, und mit Inschriften übersät.

Ausschnitt aus dem Gesims der Frankenkapelle aus dem 12. Jahrhundert mit zwei ineinander verschlungenen Löwen.

Die Golgotakapelle war mit Mosaiken bedeckt, von denen einige während der byzantinischen Restaurierungsarbeiten 1042–48 entstanden, einige von den Kreuzfahrern Ende der Vierzigerjahre des 12. Jahrhunderts angebracht wurden, während wieder andere noch später, allerdings vor dem Jahr 1639 entstanden. Die Mosaiken stellen unter anderem die Kreuzigung, die Kreuzabnahme und die Grablegung dar (11. Jahrhundert); die Himmelfahrt, Figuren des Alten Testaments, Propheten und Könige, Blattmuster und lateinische Inschriften (12. Jahrhundert); die Opferung Isaaks, die Himmelfahrt des Elija, das Abendmahl, die Auferstehung sowie Helena und Herakleios. Von diesem eindrucksvollen Mosaikkomplex blieb nur ein kleines Fragment erhalten, das sich heute im Gewölbe des Franziskanerklosters befindet und Christus zeigt, wie er in einer ovalen Mandorla zum Himmel fährt. Ikonographisch und stilistisch lässt sich diese Himmelfahrt in die Mitte des 12. Jahrhunderts datieren.

Die Grotte der Kreuzauffindung war mit Fresken aus dem 11. Jahrhundert dekoriert, die zum größten Teil verloren gegangen sind. Das erhaltene Fragment des Kreuzigungsbilds zeigt den Torso und die untere Körperhälfte Christi am Kreuz, an dessen Seite die Heiligenscheine und Schultern der Jungfrau Maria und des hl. Johannes auszumachen sind. Ikonographisch und stilistisch ist das Kreuzigungsfresko der italienischen Kunst der Mitte des 12. Jahrhunderts zuzuordnen.

Das Äußere der Kirche war ebenfalls mit Mosaiken dekoriert. Von den figürlichen Mosaiken auf den Stürzen und den Tympana über dem Doppelhauptportal (siehe „Die Südfassade“) ist nur wenig erhalten. Pilgerberichten zufolge sollen sie Darstellungen Jesu und von Maria Magdalena enthalten haben. Einzelne Reste sind noch im unteren Teil des östlichen Tympanon erkennbar.

Die Frankenkapelle war üppig mit Mosaiken aus dem 12. Jahrhundert verziert, von denen ein Mosaik über dem heute versperrten, gewölbten Eingang zur Golgotakapelle erhalten blieb. Das Mosaik bestand aus vier farbigen Streifen mit Laub- und geometrischen Mustern in muslimischer und byzantinischer Tradition.

Mosaik mit Christi Himmelfahrt an der Decke der lateinischen Golgotakapelle. Es ist das bedeutendste Mosaik in der Grabeskirche aus der Kreuzfahrerzeit.

ASCĒ
SIO

Die christlichen Gemeinschaften in der Grabeskirche

Die Grabeskirche dient im Unterschied zu den meisten anderen Kirchen nicht nur einer Religionsgemeinschaft als Ort des Gottesdienstes, sondern gleich mehreren sehr unterschiedlichen Konfessionen. Das Nebeneinander von Griechisch-Orthodoxen, Katholiken, Armeniern, Syrern, Kopten und Äthiopiern in der Kirche und ihrem Umfeld schafft eine einzigartige kosmopolitische Atmosphäre, die durch die verschiedenen Riten, die Gewänder der Geistlichen und die Kunst- und Dekorationsstile noch bereichert wird. Betritt der heutige Besucher die Kirche, dann ist er angesichts der Mischung unterschiedlicher kultureller Traditionen irritiert, mit denen jede christliche Gemeinschaft ihre charakteristischen Eigenheiten zum Ausdruck bringt. Heute, 1665 Jahre nach dem Bau der ersten Grabeskirche, verleiht die Koexistenz von sechs Religionsgemeinschaften an einer einzigen Stätte der Kirche einen ganz besonderen Hauch kosmopolitischer christlicher Tradition.

Zu den drei „großen" Gemeinschaften, die zur Zeit in der Grabeskirche vertreten sind, zählen die Griechisch-Orthodoxen, die Lateiner (römisch-katholische Christen) und die Armenier; sie teilen sich den größten Anteil an der Kirche und ihrer Umgebung. Andere Bereiche des Kirchenkomplexes befinden sich im Besitz der Kopten, der syrischen Jakobiten und der Äthiopier. Die Protestanten dürfen den Gottesdiensten in der Hauptkirche beiwohnen, aber keine eigenen Gottesdienste abhalten. Diese Zuteilung der einzelnen Kirchenbereiche steht in engem Zusammenhang mit der Geschichte der Christen in Jerusalem während der vergangenen 700 Jahre; die Präsenz mehrerer christlicher Gemeinschaften in der Stadt reicht allerdings bereits in die frühe byzantinische Zeit zurück.

Die Weihe der ersten Kirche, der Basilika Konstantins, im Jahr 335 markiert den Beginn der christlichen Souveränität in Jerusalem und dem Heiligen Land. Von dieser Zeit an wurde die Grabeskirche Hauptziel christlicher Pilgerfahrten und Gegenstand der Verehrung in der gesamten christlichen Welt. Schon hundert Jahre später bedrohten erhebliche Unterschiede in der kirchlichen Lehre die Einheit der christlichen Kirche. Ein größerer theologischer Konflikt entzündete sich 431 n. Chr. zwischen Kyrill, dem Patriarchen von Alexandria, und Nestorios, dem Patriarchen von Konstantinopel; Nestorios betonte öffentlich die menschliche Natur Christi und widersetzte sich der Bezeichnung Marias als „Gottesgebärerin". Das Konzil von Ephesos verurteilte Nestorios, der Zuflucht in Antiochien suchen musste und nach Oberägypten verbannt wurde, wo er später starb. Er war der Begründer der Nestorianischen Kirche, und als kurz danach ein Zweig dieser Kirche in Jerusalem gegründet wurde, war der erste Samen zur Spaltung der christlichen Gemeinschaft gesät.

Eine sehr viel gravierendere Spaltung ereignete sich im Jahr 451, als das Vierte Ökumenische Konzil von Chalkedon bestätigte, Christus vereine in sich zwei Naturen – eine göttliche und eine menschliche. Nach dieser Entscheidung erklärte man diese Hauptrichtung des christlichen Glaubens für „orthodox" (griechisch: *orthós* = recht, *dóxa* = Meinung) im Unterschied zu den „Monophysiten" (griechisch: *mónos* = einzeln, *physis* = Natur), die behaupteten, der Mensch gewordene Christus habe nur eine einzige, unteilbare Natur gehabt. Dieser theologische Streit war der unmittelbare Auslöser für einen gravierenderen Bruch, der zur Ausbildung der verschiedenen monophysitischen

Karte mit der Aufteilung der Grabeskirche unter die religiösen Gemeinschaften gemäß dem Gesetz des Status quo von 1852. Der Plan, der auf den Abmessungen von Conrad Schick Ende des 19. Jahrhunderts basiert, macht deutlich, wie komplex die Verhältnisse zwischen den Konfessionen sind, denen die Kirche gehört.

Äthiopier	*Kopten*	*Russen*	*Privatbesitz*
Armenier	*Lateiner*	*Jakobiten*	*Gemeinsamer Besitz aller Kirchen*
Griech.-Orthodoxe	*Deutscher Besitz*	*Muslimischer Besitz*	*Alte Relikte*

Kirchen führte – der armenischen, koptischen, syrisch-jakobitischen und äthiopischen Kirche. Die Teilung der Kirchen wurde seither strikt befolgt und spiegelt sich in der Zuweisung religiöser Rechte und Besitztümer in der Grabeskirche wider.

Wir haben keinerlei konkrete Belege dafür, dass die Grabeskirche während der byzantinischen und der frühen islamischen Herrschaft unter den christlichen Gemeinschaften aufgeteilt war. Zu jener Zeit befand sich die Kirche noch unter der Oberhoheit des Jerusalemer Patriarchats, das die Hauptrichtung der Christenheit im Osten vertrat. Es dürften allerdings gewisse Übereinkünfte mit den nestorianischen und monophysitischen Gemeinschaften in Jerusalem existiert haben, die deren Recht regelten, in der Kirche Zeremonien abzuhalten.

Die Entwicklung der römisch-katholischen Kirche in Italien und Westeuropa im frühen Mittelalter und die Rivalität zwischen Rom und Konstantinopel in der Frage der Führung in religiösen Fragen verursachte die große Spaltung zwischen der östlichen (später griechisch-orthodoxen) und der westlichen (später römisch-katholischen oder lateinischen) Richtung innerhalb des Christentums. Diese Spaltung, die sich bereits im 9. und 10. Jahrhundert abzeichnete, führte 1054 schließlich zum endgültigen Bruch, als Michael Kerullarios, der Patriarch von Konstantinopel, sich offiziell weigerte, die Oberhoheit des Papstes in Rom anzuerkennen. Von dieser Zeit an betrachteten sich die griechisch-orthodoxe und die römisch-katholische Kirche nicht mehr lediglich als Varianten der einen wahren Kirche. Dieses formelle Schisma bereitete auch den Weg zur Einrichtung des lateinischen Patriarchats unmittelbar nach dem Einmarsch der Kreuzfahrer in Jerusalem im Jahr 1099 und führte zum Streit zwischen der katholischen und der griechisch-orthodoxen Gemeinschaft über die Besitzrechte an der Grabeskirche.

Die Katholiken hatten sich zwar schon im 9. Jahrhundert fest in Jerusalem etabliert, hatten aber vor der Herrschaft der Kreuzfahrer keinerlei Eigentumsrecht an der Grabeskirche. Kurz nach Begründung der Herrschaft der Kreuzfahrer über Jerusalem wurde ein lateinischer Patriarch ernannt, der griechisch-orthodoxe Patriarch verließ die Stadt und errichtete seine Residenz außerhalb des Einflussbereichs der Kreuzfahrer. Die Grabeskirche wurde in eine lateinische Kirche umgewandelt und der westliche Einfluss fand seinen Niederschlag im Neubau der Grabeskirche durch die Kreuzfahrer.

Doch die römisch-katholische Oberhoheit in der Kirche war nicht von langer Dauer. Die Eroberung Jerusalems durch Saladin im Jahr 1187 setzte der christlichen Souveränität in der Kirche ein Ende und machte den Weg frei für ihre Aufteilung unter die verschiedenen christlichen Gemeinschaften. Nach Saladins Eroberung verlangten die muslimischen Behörden hohe Steuern für die Besitzrechte, die den verschiedenen Gemeinschaften an der Grabeskirche eingeräumt wurden. Außerdem übergaben sie die Schlüssel zur Kirche – zum ersten Mal in der Geschichte – einer muslimischen Familie.

Zur selben Zeit gab Saladin dem griechisch-orthodoxen Patriarchat seine Privilegien zurück, und seine Behörden genehmigten den Einzug der erst kurz zuvor gegründeten koptischen Gemeinschaft in die Kirche.

Der Ursprung der heutigen Aufteilung der Kirche unter den verschiedenen Konfessionen reicht bis ins 13. Jahrhundert zurück. Die Gründung des armenischen Patriarchats, des koptischen Bistums und der äthiopischen Kirche sowie der wachsende Einfluss der Georgier in der christlichen Gemeinschaft in Jerusalem führten zu einer ersten formellen Besitzzuteilung innerhalb der Kirche. Der Einzug der Franziskanermönche in Jerusalem als Vertreter der lateinischen Gemeinschaft war eine weitere Komponente in diesem Kampf um den Einfluss in der Kirche und ihrem Umfeld.

Zwischen dem 14. und dem 16. Jahrhundert verschoben sich die Besitz- und Rechtsverhältnisse mehrfach: Die Franziskaner erhielten das Recht über den Grabbau und die Erscheinungskapelle sowie über das Kloster nordwestlich der Kirche; den Griechen gehörte das Katholikon und der Salbungsstein; die Armenier etablierten sich im Südteil der Rotunde; die Kopten errichteten eine kleine Kapelle im Anschluss an den Grabbau; die Georgier erhielten große Teile von Golgota und besaßen eine Zeit lang auch die Schlüssel zur Kirche; auch die Äthiopier waren in der Kirche vertreten und durften verschiedene Bereiche nutzen.

Seine Eminenz Vassilios, Seniormetropolit von Caesarea, liest auf seinem Patriarchenthron die Messe für die griechisch-orthodoxe Gemeinde.

Griechische Pilger ruhen sich während des Osterfests auf dem Vorhof aus.

Die Eroberung Jerusalems durch die Osmanen 1517 hatte auch Auswirkungen auf die Besitzverhältnisse in der Grabeskirche. Im 17. Jahrhundert dehnten Griechisch-Orthodoxe, Katholiken und Armenier ihren Besitz auf Kosten der anderen Gemeinschaften aus, die sich die hohen Steuern, die von den osmanischen Behörden verlangt wurden, nicht leisten konnten, daher die Kirche verlassen und ihre Rechte verkaufen mussten. Auf diese Weise bekamen die Griechisch-Orthodoxen Teile von Golgota und den Salbungsstein und die Katholiken erhielten ebenfalls Rechte an Golgota, im nördlichen Querschiff (den „Bogengang der hl. Jungfrau") und in der Grotte der Kreuzauffindung.

Die Renovierungsarbeiten in der Kirche während des 18. und im frühen 19. Jahrhundert waren gleichfalls Anlass zu Streitigkeiten zwischen den Gemeinschaften: Die Franziskaner erhielten von den Osmanen 1555 die Genehmigung, den Grabbau zu renovieren, und 1719 durften sie die Kuppel der Kirche restaurieren. Die Griechisch-Orthodoxen übernahmen das große Restaurationsprojekt nach dem verheerenden Brand von 1808.

Kleinere Streitigkeiten, die zu Veränderungen in den Besitzverhältnissen zwischen den Gemeinschaften führten, dauerten bis Mitte des 19. Jahrhunderts, als die offizielle Zuweisung der einzelnen Bereiche in der Grabeskirche, das so genannte Gesetz des Status quo, endgültig festgelegt wurde, das 1852 im Auftrag der osmanischen Regierung zustande kam. Diese Zuteilung, die seither gültig ist, sicherte den Griechisch-Orthodoxen die Kontrolle über den größten Teil der Kirche. Die folgende Beschreibung gibt die heutige Einteilung gemäß der Karte wieder:

Die bedeutendsten Bereiche der Kirche wurden zum gemeinsamen Besitz erklärt: der Grabbau, Boden und Kuppel der Rotunde sowie der Vorhof und der Eingang zur Kirche.

Dem griechisch-orthodoxen Patriarchat gehört die Hauptkirche (das Katholikon), zwei der drei Kapellen im Umgang, der Nordteil des Golgotafelsens, das Gefängnis Christi im äußersten Nordosten der Kirche und die meisten der die Rotunde umgebenden Räumlichkeiten. Außerdem besitzt die griechisch-orthodoxe Gemeinschaft einige Bauten um den Vorhof, das Abrahamskloster und den Glockenturm.

Im Besitz der Katholiken ist der größte nordwestliche Teil des gesamten Komplexes, dessen Zentrum die Erscheinungskapelle bildet. Außerdem liegen in ihrer Verantwortlichkeit der südliche Teil von Golgota, die Kapelle der Schmerzen (Frankenkapelle) und die Grotte der Kreuzauffindung.

Die Armenier verfügen über die Helenakapelle, den Platz der Drei Marien, die Südgalerien und einen der Räume um die Rotunde, über die Kapelle der Kleiderverteilung im Umgang und die Johanneskapelle im östlichen Teil des Vorhofs.

Die Syrer haben das Recht, die Nikodemuskapelle (Kapelle der Jakobiten) und das angrenzende Felsengrab des Josef von Arimathäa zu benutzen.

Die Kopten verfügen über die kleine, an das Westende des Grabbaus angebaute Kapelle, über zwei Räume in der Rotunde (südlich der Nikodemuskapelle) und ein zweigeschossiges Bauwerk – die Residenz der koptischen Diakone westlich des Haupteingangs. Nordöstlich der Kirche befindet sich das koptische Patriarchat und auch einige nahe gelegene Gebäude sind in koptischer Hand.

Die Äthiopier haben keinerlei Besitzrechte innerhalb der Kirche, herrschen aber über den Hof von Deir es-Sultan („Kloster des Kaisers", auch das afrikanische Dorf genannt) und über zwei Kapellen östlich des Vorhofs: die Michaelskapelle und die Kapelle der vier Wesen.

Die griechisch-orthodoxe Gemeinschaft

Sie ist heute die größte christliche Konfession in Jerusalem und gilt als Nachfahrin der ältesten Christen in der Stadt. Das Bistum Jerusalem, das im 1. Jahrhundert nach Christus gegründet wurde, galt als die erste Kirche der antiken Christenheit. Kirche und Gemeinschaft verloren allerdings ihre führende Rolle im 2. und 3. Jahrhundert. Erst die Wiederentdeckung der heiligen Stätten in Jerusalem und der von Kaiser Konstantin dem Großen veranlasste Bau der Grabeskirche im 4. Jahrhundert gaben der Kirche von Jerusalem ihre einstige Bedeutung im religiösen Leben des christlichen Palästina zurück.

Die herausragende Position der Jerusalemer Kirche wurde schließlich auf dem ökumenischen Konzil von Chalkedon 451 anerkannt, als der Bischof von Jerusalem zum Patriarchen ernannt wurde. Das Jerusalemer Patriarchat wurde damals neben Rom, Alexandria, Antiochia und Konstantinopel zum fünften Patriarchat des byzantinischen Kaiserreichs ausgerufen.

Im 5. und 6. Jahrhundert erlebte das Patriarchat von Jerusalem seine Blütezeit. Rund sechzig Bistümer befanden sich unter seiner Oberhoheit und damit Hunderte von Kirchen und Klöstern, die über das ganze Land verteilt waren. Nach der Eroberung Palästinas durch Araber 638 wurde das Patriarchat von Jerusalem, obgleich stark geschwächt, von den Muslimen immer noch als führende Vertretung der christlichen Gemeinschaften anerkannt. So übte der Patriarch lange einen starken Einfluss auf die sozialen und ökonomischen Belange der Christen Palästinas aus.

Die Oberhoheit des orthodoxen Patriarchats über die christlichen Gemeinschaften endete mit der Eroberung Palästinas durch die Kreuzfahrer 1099 und der Errichtung des lateinischen Patriarchats. Im 12. Jahrhundert residierten die griechisch-orthodoxen Patriarchen außerhalb von Jerusalem und kehrten erst nach Ende der Kreuzfahrerepoche in die Stadt zurück.

Dem Rückzug der Kreuzfahrer aus Palästina folgte ein Niedergang der christlichen Einrichtungen, dem nur langsam Einhalt geboten werden konnte. Die Einrichtung des armenischen Patriarchats und der unabhängigen koptischen, syrischen und äthiopischen Kirchen schwächten die Vormachtstellung des griechisch-orthodoxen Patriarchats. Byzantinische Kaiser intervenierten zwar immer wieder zugunsten der Griechisch-Orthodoxen, aber erst unter osmanischer Herrschaft erhielt das griechisch-orthodoxe Patriarchat einen Teil seiner Macht zurück.

Nach dem verheerenden Brand in der Grabeskirche 1808 gestattete die osmanische Regierung dem griechisch-orthodoxen Patriarchat, die Kirche auf Kosten des griechischen und russischen Volkes wieder aufzubauen.

Heute gehören dem griechisch-orthodoxen Patriarchat 150 Mönche an, vom Patriarchen bis zu den jungen Novizen. Der amtierende Patriarch Diodoros I. ist der 96. Patriarch. Ihm zur Seite steht eine Heilige Synode aus 14 Mitgliedern vom Metropoliten (leitender Bischof) bis zum Archimandriten (Abt). Das griechisch-orthodoxe Patriarchat verfügt über große Teile des Komplexes um das Heilige Grab und besitzt zudem 23 Klöster in der Altstadt von Jerusalem und Umgebung. Der heutige, gut drei Hektar umfassende Patriarchatskomplex, der im 19. Jahrhundert begründet wurde, liegt westlich der Grabeskirche. Er beherbergt die Veraltung, das Büro des Patriarchen, eine Empfangshalle sowie ein Pilgerwohnheim.

Ein Blick in die Rotunde, darunter die Erscheinungskapelle.

Die römisch-katholische Gemeinschaft

Die lateinische beziehungsweise römisch-katholische Präsenz in Jerusalem entwickelte sich nach der Ankunft der Kreuzfahrer 1099, allerdings waren lateinische Interessen auch schon früher erkennbar. Der wichtigste Auslöser für den Einzug der Lateiner in Jerusalem war das Engagement Karls des Großen, der zu Beginn des 9. Jahrhunderts Kirchen und Klöster in Jerusalem errichten ließ. Mit der Gründung lateinischer Kirchen im Gebiet des Muristan südlich des Heiligen Grabes im 11. Jahrhundert konnten die Katholiken erstmals richtig Fuß fassen. Das erste lateinische Patriarchat wurde am 1. August 1099 gegründet, nur zwei Wochen nach der Eroberung der Stadt durch die Kreuzfahrer. Es hatte allerdings nur 88 Jahre Bestand: Nach der Niederlage der Kreuzfahrer in der Schlacht bei Hattin und der islamischen Eroberung der Stadt durch Saladin 1187 mussten die Lateiner die Stadt verlassen; die meisten ihrer Kirchen und Klöster wurden in Moscheen umgewandelt. Nur eine Hand voll lateinischer Priester durfte in der Grabeskirche Dienst tun.

Die römisch-katholische Präsenz in Jerusalem gewann im 14. Jahrhundert wieder an Bedeutung dank der Franziskanermönche, denen die Überwachung der heiligen Stätten anvertraut wurde und die damit unter Leitung eines Kustos die „Kustodie des Heiligen Landes" begründeten. Der 1209 vom hl. Franziskus von Assisi gegründete Franziskanerorden (*Ordo Fratrum Minorum*, Orden der Minderen Brüder) breitete sich rasch in Europa und Übersee aus. Die Franziskaner trafen 1335 in

Darstellung der Schmerzen Mariens in einem Gemälde über dem Altar in der lateinischen Frankenkapelle der Grabeskirche.

Palästina ein, nachdem sie durch einen Sultanserlass, den so genannten Ferman, die offizielle Erlaubnis erhalten hatten, sich in Jerusalem niederzulassen, auf Dauer in der Grabeskirche zu wohnen und dort die heilige Messe und andere öffentliche Gottesdienste zu zelebrieren. 1342 wurde die Kustodie offiziell vom Heiligen Stuhl damit beauftragt, die heiligen Stätten im Heiligen Land zu hüten, aufrechtzuerhalten und zu schützen.

Auf die Errichtung der franziskanischen Präsenz in Jerusalem folgten unermüdliche Versuche, mehr Kontrolle über die heiligen Stätten zu erlangen, wobei die Franziskanermönche im Auftrag der katholischen Gemeinschaft sehr aktiv wurden. Zur Zeit der osmanischen Herrschaft gelangten zahlreiche Stätten in Jerusalem und Umgebung in den Besitz Roms, darunter beträchtliche Teile der Grabeskirche. In der zweiten Hälfte des 19. Jahrhunderts, als Jerusalem und die heiligen Stätten in der europäischen und internationalen Politik eine größere Rolle spielten und die Zahl der Touristen und Pilger anstieg, verstärkten sich diese Tendenzen zusätzlich. Das 1847 wieder gegründete lateinische Patriarchat war wesentlich daran beteiligt, dass der römisch-katholische Einfluss in Jerusalem zunahm.

Der Oberhoheit des lateinischen Patriarchats von Jerusalem unterstehen heute zahlreiche religiöse Institutionen, deren bekannteste die franziskanische Kustodie über das Heilige Land ist. Hinzu kommen die Karmeliter, die für die Heiligtümer des Bergs Karmel verantwortlich sind, die Dominikaner, die die berühmte „École Biblique" in der Stephanskirche in Jerusalem gründeten, die Benediktiner, denen das Dormitiokloster auf dem Berg Zion gehört, und die Trappisten des Klosters Latrun.

Armenische Chorknaben und Diakone mit Kerzen in den Händen vor einem armenischen Prälaten während einer Osterprozession vor dem Grab Christi.

Die Armenier

Die armenische Gemeinschaft von Jerusalem ist eine der ältesten der Stadt; ihre Wurzeln reichen bis in die Frühzeit zurück, als das Christentum im 4. Jahrhundert zur führenden Religion in Palästina aufstieg. Die armenische Kirche, die deutlich national geprägt ist, konnte ihre Eigenart die Jahrhunderte hindurch bewahren. Archäologische Zeugnisse für die frühe Präsenz der Armenier in Jerusalem wurden an verschiedenen Orten in Jerusalem und Umgebung entdeckt. Mehrere Klöster aus dem 5. bis 8. Jahrhundert fanden sich nördlich des Damaskustors sowie auf den Hängen des Ölbergs. Eine im 7. Jahrhundert entstandene Liste der Klöster und Kirchen im Heiligen Land führt rund 70 armenische Klöster und Kirchen in der Umgebung von Jerusalem auf.

Die armenische Präsenz in Jerusalem wurde die Jahrhunderte über ununterbrochen ausgeweitet. Der Bau der Jakobuskirche, vermutlich im 11. Jahrhundert, begründete das armenische Viertel im Südwesten der Altstadt von Jerusalem. Die Armenier waren die einzige christliche Gemeinschaft, die auch nach der Eroberung Jerusalems durch Saladin 1187 an ihrem Ort blieb und ihren Besitz behielt. Mit der offiziellen Gründung des armenischen Patriarchats 1311 wurde der Patriarch der Beschützer der monophysitischen Gemeinschaften in Jerusalem, eine Position, die im 16. Jahrhundert durch Sultan Selim I. bestätigt wurde.

Die Armenier haben in Jerusalem die ganze Zeit über ihre Verbindungen mit dem kulturellen Erbe ihrer geographischen Heimat Armenien aufrechterhalten und sind daher durch Sprache, Kleidung und ethnoreligiöse Zugehörigkeit eng miteinander verbunden. Sie haben sich die Jahrhunderte über darum bemüht, ihre Rechte an den heiligen Stätten und insbesondere in der Grabeskirche zu sichern, und wurden dabei von den zahlreichen armenischen Pilgern unterstützt, die die Stadt besuchten und von denen viele in der Absicht kamen, sich dauerhaft in Jerusalem niederzulassen.

Das armenische Patriarchat war ähnlich einer klösterlichen Bruderschaft organisiert und trug den Namen „Bruderschaft des hl. Jakob", benannt nach Jakobus dem Älteren, dem Schutzheiligen der armenischen Kirche in Jerusalem. Sie setzt sich zusammen aus dem Patriarchen an der Spitze, fünf Bischöfen, 32 Archimandriten und etwa 70 Laienmönchen, von denen die meisten im armenischen Viertel wohnen.

Das armenische Viertel in der Altstadt ist eine geschlossene Siedlung, die man durch ein einziges Tor betritt, das nachts geschlossen wird. Sie gruppiert sich um die Jakobuskirche herum, die zugleich Sitz des Patriarchen ist. Religiöse und kulturelle Einrichtungen liegen innerhalb dieser Siedlung, desgleichen Schulen und Wohnhäuser. Ursprünglich wurde das Viertel von Mönchen und Priestern bewohnt, die sich um den Schutz der heiligen Stätten kümmerten, aber das armenische Viertel hat sich mit seiner traditionsbewussten Gemeinschaft seine einzigartige Atmosphäre bis heute bewahrt. Im 19. und 20. Jahrhundert nahm die armenische Bevölkerung dank der Emigration zahlreicher Armenier aus ihrer Heimat nach Jerusalem zu, was die bestehende armenische Gemeinschaft demographisch und ökonomisch stärkte.

Seine Eminenz Mar Swerios Malki Murad, der syrisch-orthodoxe Metropolit und Vikar des Patriarchats von Jerusalem, steht dem Gebet seiner Gemeinde vor.

Die heutige armenische Gemeinschaft ist eine Koexistenzform von Angehörigen des Klerus und säkularer Gemeinschaft, die im armenischen Viertel und in dessen Umgebung wohnen. Diese Verschmelzung von religiöser und weltlicher Gemeinschaft verleiht den Armeniern in Jerusalem ihre Ausnahmestellung unter den übrigen christlichen Gemeinschaften.

Die Syrer

Die syrisch-jakobitische Kirche ist eine der ältesten, wenn auch kleinsten unter den Gemeinschaften in Jerusalem. Die liturgische Sprache der syrischen Gemeinschaft ist immer noch das alte Syrisch, das eng mit der aramäischen Sprache verwandt ist, die zur Zeit Jesu von den Juden gesprochen wurde. Der Gebrauch der syrischen Sprache in der byzantinischen Grabeskirche wird von Egeria belegt, einer Pilgerin, die Jerusalem um 385 besuchte und vermerkte, das Syrische der Ortsansässigen werde in den Zeremonien in der Kirche neben der griechischen Sprache verwendet.

Die syrische Gemeinschaft in Jerusalem erlebte ihre Blütezeit während der Zeit der byzantinischen Herrschaft und im frühen Mittelalter. Die syrische Kirche folgte nach dem Konzil von Chalkedon 451 den Anhängern des Monophysitismus. Ihre Position wurde durch das Wirken von Jakobus Baradaios im 6. Jahrhundert gestärkt; in Anerkennung seiner Leistungen nennt sich die syrische Kirche auch jakobitische Kirche. Syrische Bischöfe sollen seit der Mitte des 12. Jahrhunderts in Jerusalem residiert haben. Der heutige Sitz des syrisch-orthodoxen Bischofs von Jerusalem – in der Kirche und dem Kloster St. Markus in der Altstadt – soll der syrischen Überlieferung zufolge über den Ruinen der Stätte des Abendmahls errichtet worden sein.

Die Kopten

Die koptische Präsenz in Jerusalem reicht bis in die frühe byzantinische Zeit zurück, als Pilger und Mönche aus Ägypten nach Jerusalem reisten und sich in der Stadt niederließen. Der ägyptische Mönch Hilarion, ein Schüler des hl. Antonius, gehörte zu den Christen, die die Heiden im römischen Palästina bekehrten. Die Anwesenheit von ägyptischen Mönchen in der Grabeskirche wird von den Pilgerinnen Paula und Egeria (im späten 4. Jahrhundert) erwähnt.

Eingang zum koptischen Patriarchatspalast von Jerusalem entlang der neunten Station des Kreuzwegs, wo Jesus zum dritten Mal zu Boden stürzte.

Nach dem ökumenischen Konzil von Chalkedon (451 n. Chr.) wurde die koptische Kirche eine autonome monophysitische Kirche. Der Einfluss der Kopten verstärkte sich im frühen Mittelalter durch die Errichtung mehrerer koptischer Kirchen in der Stadt. Diese Entwicklung kam allerdings während der Zeit der Kreuzfahrer zum Erliegen, als die Kopten Jerusalem weder besuchen noch in der Stadt wohnen durften.

Nach der Eroberung Jerusalems durch Saladin 1187 wurde die Grabeskirche wieder für koptische Pilger geöffnet und die meisten koptischen Besitztümer wurden ihnen zurückgegeben. Die verbesserte Position der Kopten unter Saladin und seinen Nachfolgern beruht auf der Tatsache, dass viele Kopten Ämter in der öffentlichen Verwaltung innehatten. 1236 wurde das koptisch-orthodoxe Patriarchat des Stuhls von Jerusalem und des Nahen Ostens gegründet; Patriarch Kyrill III. von Alexandria ernannte Anba Basileios I. zum Erzbischof von Jerusalem. Die starke Position der Kopten in Jerusalem im Mittelalter drückte sich auch in ihren Rechten in der Grabeskirche aus: Vom 14. Jahrhundert an durften koptische Mönche in der Kirche leben.

1537 errichteten sie hinter dem Grabbau eine kleine Kapelle. Diese Kapelle ist heute das bedeutendste Heiligtum im Besitz der Kopten.

Die koptischen Verbindungen zum Kloster Deir es-Sultan und seinen angrenzenden Kapellen reichen bis ins 13. Jahrhundert zurück, auch wenn sich nur schwer ausmachen lässt, welche Anteile in diesem Bereich den Kopten und welche den Äthiopiern gehören. Die beiden Kapellen zwischen dem Vorhof und Deir es-Sultan gehörten den Kopten und werden heute von den Äthiopiern genutzt. Beide liegen innerhalb von Bauwerken, die von den Kreuzfahrern errichtet wurden: Die Kapelle des Erzengels Michael ist eine der ältesten an die Grabeskirche angebauten Kapellen. Die obere Kapelle – die Kapelle der vier Wesen der Offenbarung – ist nach den in der Offenbarung des Johannes (4,6–10) erwähnten vier Lebewesen benannt.

Das koptische Patriarchatsgebäude liegt nordöstlich der Grabeskirche und ist der offizielle Hauptsitz des Patriarchen. Der in der zweiten Hälfte des 19. Jahrhunderts erbaute Patriarchatspalast und die Kirche St. Antonius dienen als Residenz des Patriarchen und als Hauptkirche der koptischen Gemeinschaft in Jerusalem.

Die Präsenz der Äthiopier in der Grabeskirche beschränkt sich heute auf das Dach der Helenakapelle.

Die Äthiopier

Die ältesten Belege für die Existenz der äthiopischen Christen in Jerusalem stammen aus der Frühzeit des Christentums. Ein Äthiopier wird in der Apostelgeschichte (8,6–9) erwähnt; er befand sich unter denen, die die Lehre Christi annahmen und sich auf dem Weg nach Jerusalem taufen ließen. In der byzantinischen Epoche und im Mittelalter wurden die Anwesenheit von äthiopischen Mönchen und Besuche äthiopischer Pilger im Heiligen Land und in Jerusalem häufig erwähnt. Im 5. Jahrhundert besaßen die Äthiopier eine der Kapellen im Umgang der Grabeskirche und eine Zeit lang befand sich auch die Helenakapelle in ihrem Besitz. Im 7. Jahrhundert allerdings konnten die Äthiopier die Steuern nicht aufbringen, die von der osmanischen Regierung verlangt wurden, und verloren alle ihre Besitzrechte in der Grabeskirche.

Die heutige, eingeschränkte äthiopische Präsenz in der Grabeskirche konzentriert sich auf das Dach der Helenakapelle, wo 25 Mönche in kleinen, bescheidenen Behausungen mit winzigen Fenstern und niedrigen Eingängen wohnen. Dieses Dorf in afrikanischem Stil, das in Wirklichkeit ein richtiges Kloster für äthiopische Mönche ist, trägt den Namen Deir es-Sultan – Kloster des Kaisers – und erinnert damit an die äthiopische Überlieferung, der zufolge der biblische König Salomo diese Stätte der äthiopischen Königin von Saba übergeben haben soll.

Der Weg vom Deir es-Sultan zum Haupteingang der Kirche führt durch zwei Kapellen, die heute von den Äthiopiern genutzt werden: die Kapelle der vier Wesen auf der oberen Ebene und die Michaelskapelle auf der unteren Ebene. Beide Kapellen sind Teil eines von den Kreuzfahrern errichteten Baus, der den Vorhof und das Stiftskloster miteinander verband. Die Kapellen sind mit Ikonen und Behängen im äthiopischen Stil dekoriert und in einem angrenzenden kleinen Raum werden die Gewänder der Geistlichen aufbewahrt. Wann die Äthiopier diese Stätte bezogen, ist nicht bekannt, aus Beschreibungen des 16. und 17. Jahrhunderts wissen wir aber, dass um diese Zeit äthiopische Mönche im Dorf lebten. Die kleine äthiopische Gemeinschaft stand damals unter dem Schutz des griechisch-orthodoxen Patriarchen von Jerusalem.

Die äthiopische Gemeinschaft von Jerusalem wurde nach einer Pestepidemie, die die Stadt 1838 heimsuchte, nahezu vernichtet. Die meisten Mönche starben, und mehrere Jahre lang war das Dorf menschenleer. Als die Äthiopier zurückkehrten, um die Stätte wieder zu bewohnen, befand sie sich in der Hand des koptischen Patriarchats, und die Neuankömmlinge mussten als „Gäste" der Kopten einziehen, eine Situation, die seither zwischen beiden Gemeinschaften immer wieder zu Konflikten führt.

Ende des 19. Jahrhunderts gelang es der äthiopischen Gemeinschaft von Jerusalem, ihre Besitztümer und ihre Mitgliederzahl zu vergrößern. Sie besiedelten wieder das afrikanische Dorf und erwarben Besitztümer in der Altstadt und in Westjerusalem. Das äthiopische Kloster Deir es-Sultan ist immer noch die heiligste Stätte der äthiopischen Gemeinschaft und es ist ein Zeichen besonderer Ehrung, wenn man in den bescheidenen Unterkünften des afrikanischen Dorfes wohnen darf.

Die Liturgie in der Grabeskirche

Alles in der Grabeskirche kreist um die Geschichte der Kreuzigung, Grablegung und Auferstehung Christi. Aus diesen Ereignissen und den damit verbundenen theologischen Folgen schufen die Erbauer der Kirche einen konkreten Kontext, in dem man dem Ablauf des letzten Tages Christi auf Erden geradezu physisch folgen kann. Damit ist die Grabeskirche der unmittelbar erlebbare Höhepunkt des Leidenswegs Christi von seinem Verhör vor Pontius Pilatus in der Zitadelle (Palast des Herodes) oder in der Burg Antonia (Haus des Pilatus am Nordrand des Tempelbergs), vorbei an den neun Stationen des Kreuzwegs auf der Via Dolorosa bis zu den letzten Stationen, die sich innerhalb des Kirchenbereichs befinden. Wenn die Kirche die Körper gewordene Darstellung dieses letzten Tages ist, dann ist die Liturgie, vor allem die der Karwoche, ihre zeremonielle Umsetzung. Tatsächlich erwacht die Kirche, ganz ihrem Hauptthema entsprechend, an Ostern zum Leben. In dieser Zeit vollziehen die Gemeinschaften Tag für Tag die letzte Woche Christi in frommen Szenen nach, die den Gläubigen die Passion verdeutlichen. Bezeichnenderweise ist das Weihnachtsfest für die Grabeskirche wenig relevant; dann leeren sich ihre Hallen und der Klerus wandert nach Süden, um die Gottesdienste in der Geburtsbasilika in Betlehem abzuhalten.

Da die katholischen (lateinischen) Kirchen dem gregorianischen und die orthodoxen dem julianischen Kalender folgen, fallen die Karwochen nicht immer zusammen. Für die Lateiner ist Ostern auf die erste Tag- und Nachtgleiche nach Frühlingsanfang festgesetzt, wechselt also von Jahr zu Jahr. Durch die anderen Berechnungen des julianischen Kalenders kann es sein, dass das orthodoxe Osterfest mit dem der Katholiken zusammenfällt, in der Regel aber liegen zwischen beiden Festen eine oder zwei Wochen. Die Passion Christi wird also so oft nachvollzogen, wie es Gemeinschaften gibt. Die Osterliturgie spiegelt deutlich die theologischen, vor allem aber die kulturellen Unterschiede der drei großen und der drei kleinen Gemeinschaften in der Grabeskirche wider. Da die Osterfeierlichkeiten außerordentlich intensiv sind und Hunderte von Geistlichen und Tausende von Gläubigen an einem ganzen Komplex von Prozessionen, Messen und Gottesdiensten teilnehmen, werden Zeit und Ort gemäß den Entscheidungen des über den Status quo wachenden Komitees der Grabeskirche genau zugeteilt. Zwischen den drei großen Gemeinschaften, den Orthodoxen, den Katholiken und den Armeniern, wurde ein detaillierter Zeitplan vertraglich erarbeitet und unterzeichnet. Die genaue Einhaltung der im Zeitplan festgehaltenen Termine und Anordnungen ist notwendig, um eine Konfrontation zwischen den Gemeinschaften zu verhindern; daher sind die Rechte und Pflichten aller Beteiligten genau festgelegt. Um die Einhaltung des Zeitplans zu überwachen, sind die Sakristane der Gemeinschaften stets auch bei allen Gottesdiensten der anderen Gemeinschaften anwesend, wo sie sich zu beiden Seiten des Eingangs zum Grabbau aufhalten.

Die Prozession

Wesentliches Merkmal aller Gottesdienste ist die Prozession. Sie beginnt bei den jeweiligen Patriarchaten: Die Armenier ziehen von der Jakobuskirche im armenischen Viertel vorbei an der Zitadelle

Eine lateinische Prozession durch die Straßen der Altstadt Jerusalems, angeführt von den Kawassen, die mit ihren Stöcken rhythmisch auf das Straßenpflaster schlagen.

durch die Davidstraße und die Christenstraße zur Grabeskirche; der lateinische Patriarch zieht von seiner Residenz unweit dem Jaffator über die Märkte in der David- und der Christenstraße; der franziskanische Kustos kommt vom Salvatorkloster nahe dem Neuen Tor durch die St. Francis Street und die Christenstraße; der griechische Patriarch kommt von seinem Patriarchensitz mitten im Christenviertel durch die Christenstraße; der koptische Erzbischof zieht von seiner Residenz zum Norden des Grabeskirchenkomplexes, vorbei am Deir es-Sultan und der äthiopischen Michaelskapelle; die Syrer schließlich nehmen den Weg von der Markuskirche durch die gleichnamige Straße und durch die Christenstraße.

Die Prozessionen werden, wie vom Komitee des Status quo festgelegt, von zwei bis vier „Kawassen" angeführt. Dieser Begriff stammt noch aus der Zeit der Osmanen; der Kawass ist ein Ehrenwächter und trägt eine üppig verzierte Uniform aus der Zeit der türkischen Herrschaft oder eine polizeiähnliche Khakiuniform aus der Zeit der Mandatsverwaltung. Den Kopf bedeckt ein burgunderroter Fes, in der Hand hält er einen schweren Stock mit Silberspitze. Mit diesem Stock schlägt er in regelmäßigen Abständen auf den Boden, um den Passanten die Prozession anzukündigen und sicherzustellen, dass der Weg für den Patriarchen und sein Gefolge frei ist. Hinter den Kawassen folgt der in der Regel hierarchisch geordnete Klerus: An der Spitze gehen die Chorknaben, ihnen folgen die Novizen, Diakone, Priester, Mönche, Archimandriten, Bischöfe, Erzbischöfe, Metropoliten, Seniormetropoliten und schließlich der Patriarch, der meist einen Hirtenstab in der Hand hält (Lateiner) oder einen mit einem von zwei Schlangen umwickelten silbernen Kreuz gekrönten Stab (Orthodoxe). In diesem Stadium wird der Prozession meist ein großes Kreuz vorangetragen; die am Gottesdienst Teilnehmenden folgen dem Kreuz und betreten die Kirche in ihren üblichen Gewändern.

Beim Betreten der Kirche knien die Patriarchen am Salbungsstein nieder. Über diesem Stein, an dem Christus, nachdem er vom Kreuz genommen worden war, gereinigt, gesalbt und nach jüdischem Brauch in ein Leichentuch gehüllt worden sein soll, hängen zu den Seiten Öllampen an drei Kandelabern, von denen je einer von den drei großen Gemeinschaften stammt. Der Stein wird mit Rosenwasser und Blütenblättern besprengt und von den Patriarchen geküsst, ehe sie sich in die entsprechenden Kapellen begeben. Die Lateiner ziehen zur Erscheinungskapelle, die Griechen in das Katholikon, die Armenier zur Südgalerie, die Kopten zur Kapelle hinter dem Grabbau und die Syrer in die Nikodemuskapelle. Die Äthiopier, die keine Rechte innerhalb der Kirche haben, gehen in ihre Kapellen beziehungsweise auf das Dach über der Helenakapelle. Nachdem die Geistlichen ihre jeweiligen Kapellen betreten haben, legen sie ihre Messgewänder an. Für jeden Tag ist ein anderes Gewand vorgesehen. Diese prächtigen Gewänder in strahlenden Farben heben den Klerus deutlich von der Schar der schmucklos gekleideten Laien ab. Vor allem der hohe Klerus trägt kostbar bestickte Gewänder, die führenden orthodoxen Geistlichen tragen eine mit Juwelen und Emailplatten besetzte Goldkrone, der lateinische Patriarch eine goldene Mitra. Nach Anlegen der Gewänder verlässt die Prozession die jeweiligen Gemeinschaftsbereiche, was durch den Kawass und ein geistliches Lied angekündigt wird, und zieht durch die Grabeskirche zu den heiligen Stätten, an die in der Grabeskirche erinnert wird. Hinter dem Kawass tragen in der Regel die Diakone oder Novizen Flaggen mit Szenen aus den Evangelien, der Kreuzigung und der Kirchengeschichte oder Szenen aus dem Heimatland der jeweiligen Kirche. Außerdem werden mit der Prozession ein großes Kreuz, eine kostbar gebundene Bibel und die Gefäße für die Eucharistiefeier dem jeweiligen Gottesdienst entsprechend mitgeführt. Ihnen folgt, abermals in hierarchischer Ordnung, der restliche Klerus und schließlich der Patriarch. Zu den Stationen der Prozession gehören meist der Kalvarienberg, der Salbungsstein sowie mehrere Rundgänge um den Grabbau in der Rotunde. Einige Prozessionen führen auch durch den Umgang um das Katholikon zu den dort gelegenen kleinen Kapellen. Meist wird nach den Prozessionen vor dem Grabbau eine Messe oder ein Gottesdienst abgehalten. Von da kehrt die Prozession zu den jeweiligen Bereichen der einzelnen Gemeinschaften in der Grabeskirche zurück, wo die Messgewänder abgelegt werden, ehe die Prozession wieder zu den Residenzen der Patriarchen zieht.

Die musikalische Ausgestaltung der Gebete, die Sprache und sogar die Gewänder unterscheiden sich erheblich je nach den kulturellen Gepflogenheiten der einzelnen Gemeinschaften. Ob es sich nun um den schlichten, von der Orgel begleiteten Kirchenliedgesang bei den Katholiken handelt, um den freien byzantinischen Gesang bei den Griechen oder Armeniern, die Gesänge im klassischen Arabisch bei den Kopten, um die aramäische beziehungsweise syrische Sprache, wie sie auch zur Zeit Christi gesprochen wurde, bei den Syrern oder um das Gees, das Altäthiopische – sie alle rezitieren Gebete, Psalmen und Passagen der entsprechenden Teile des Neuen Testaments. Auch wenn sie damit viel gemeinsam haben, so sind es doch die auffälligen kulturellen Unterschiede, die das pulsierende Leben in der Grabeskirche so nachhaltig prägen und einen Besuch der Kirche zu Ostern zu einem unvergesslichen Erlebnis werden lassen.

Die Karwoche

Ostern beziehungsweise die Karwoche ist, wie bereits beschrieben, das bedeutendste liturgische Fest in der Grabeskirche. Tausende von Pilgern treffen zu den Feierlichkeiten und vor allem zu den beiden Wochenenden an Palmsonntag und Ostersonntag ein. Für die orthodoxen Kirchen ist Ostern von ganz besonderer Bedeutung, und so pilgern große Scharen aus Griechenland, Zypern und Russland nach Jerusalem. Die Stadt wird einige Tage lang zur orthodoxen Stadt, wenn die schwarz gekleideten alten Frauen von den Mittelmeerinseln das Innere der Kirche füllen und auf die wundersame Entzündung des heiligen Feuers am Karsamstag warten.

Die Palmprozession und der Palmsonntag

Die Ereignisse der Karwoche beginnen mit den Zeremonien am Palmsonntag; der Nachvollzug des Weges Christi von Betanien und Betfage nach Jerusalem aber beginnt bereits am Sonntag vor dem Palmsonntag, den die Orthodoxen Lazarus-Sonntag nennen und an dem sie den Besuch Christi in Betanien feiern. Hier erweckte Jesus Lazarus von den Toten und sagte zu Martha, der Schwester des Lazarus:

„. . . Ich bin die Auferstehung und das Leben. Wer an mich glaubt, wird leben, auch wenn er stirbt.“ (Johannes 11,25) Und „sechs Tage vor dem Paschafest kam Jesus nach Betanien, wo Lazarus war, den er von den Toten auferweckt hatte.“ (Johannes 12,1)

Jesus blieb vermutlich die Vorwoche in Betanien und zog dann, wie Lukas berichtet, über das nahe gelegene Dorf Betfage nach Jerusalem weiter: „Als er in die Nähe von Betfage und Betanien kam, an den Berg, der Ölberg heißt, schickte er zwei seiner Jünger voraus und sagte: Geht in das Dorf, das vor uns liegt. Wenn ihr hineinkommt, werdet ihr dort einen jungen Esel angebunden finden, auf dem

Palmsonntag. Ein Priester schließt sich Mönchen und Nonnen der römisch-katholischen Kirche bei der Prozession vom Ölberg an.

noch nie ein Mensch gesessen hat. Bindet ihn los, und bringt ihn her! Und wenn euch jemand fragt: Warum bindet ihr ihn los?, dann antwortet: Der Herr braucht ihn. Die beiden machten sich auf den Weg und fanden alles so, wie er es ihnen gesagt hatte. Als sie den jungen Esel losbanden, sagten die Leute, denen er gehörte: Warum bindet ihr den Esel los? Sie antworteten: Der Herr braucht ihn. Dann führten sie ihn zu Jesus, legten ihre Kleider auf das Tier und halfen Jesus hinauf. Während er dahinritt, breiteten die Jünger ihre Kleider auf der Straße aus. Als er an die Stelle kam, wo der Weg vom Ölberg hinabführt, begannen alle Jünger freudig und mit lauter Stimme Gott zu loben wegen all der Wundertaten, die sie erlebt hatten. Sie riefen: *Gesegnet sei* der König, *der kommt im Namen des Herrn.* Im Himmel Friede und Herrlichkeit in der Höhe!" (Lukas 19,29–38)

Die Osterliturgie beginnt daher für die Griechisch-Orthodoxen mit einem Gottesdienst in Betanien, der Heimat des Lazarus. Dagegen führt der lateinische Pilgerweg vom lateinischen Patriarchat zur Franziskanerkirche in Betfage. Im Anschluss an die Pilgerfahrt führt der lateinische Patriarch eine Prozession in der Grabeskirche an, die mit der Feier des heiligen Einzugs und dem Öffnen der Kirche beginnt und strikt der Übereinkunft des Status quo folgt. Diese Zeremonie ist detailliert im Zeitplan der Gottesdienste wie folgt beschrieben:

12.20 Der lateinische Sakristan verlässt stellvertretend für die drei Gemeinschaften seine Residenz in einem der an die Basilika des Heiligen Grabes angebauten Räume und ruft den muslimischen Torwächter. Der Torwächter kommt.

12.25 Der lateinische Sakristan bringt die Glocken am Tor der Grabeskirche in folgender Reihenfolge zum Läuten: 1. die lateinische Glocke, 2. die griechische Glocke, 3. die armenische Glocke und 4. die koptische Glocke.

12.30 Feierlicher Einzug. Der lateinische Sakristan überreicht dem Torwächter durch eine Luke in der Tür die Leiter. (Danach steigt der Torwächter auf die Leiter und schließt die zwei alten Vorhängeschlösser auf, die das Doppelportal der Kirche verschließen.) Dann schiebt er den Riegel beiseite. Der lateinische Sakristan öffnet den ersten Türflügel, der Torwächter stellt die Leiter hinter die Tür neben das Seil der griechischen Glocke. Dann stößt der Torwächter den zweiten Türflügel auf.

Diese komplizierte Reihenfolge der einzelnen Schritte wird beim Öffnen der Tür stets sorgfältig eingehalten, von den Lateinern ebenso wie von den Griechen und Armeniern.

Etwa zwei Stunden später zieht Seine Heiligkeit der lateinische Patriarch durch die Straßen von Jerusalem in Richtung Kirche. Vor den Salbungsstein wurde bereits ein Kissen gelegt, die lateinischen Kerzen neben dem Stein sind angezündet. Beim Betreten der Kirche setzt sich der Patriarch eine Mitra auf den Kopf und kniet vor dem Stein nieder, um ihn zu küssen. Dann wird der Stein mit Weihrauch und Weihwasser besprengt. Die Prozession zieht weiter zur Erscheinungskapelle: an der Spitze der Kawass, dann die Weihrauchträger, der Träger des Kreuzes, der Standartenträger der Franziskaner, vier Leuchterträger, die franziskanischen Mönche und am Schluss der Patriarch in einem prächtigen Gewand. Nach Verlassen der Erscheinungskapelle begibt sich die zwei Stunden währende Prozession zum Altar des Allerheiligsten, zum Altar der Geißelungssäule, zum Gefängnis Christi, zum Altar der Kleiderverteilung, zur Grotte der Kreuzauffindung, zur Helenakapelle, zum Altar der Verspottung Christi, zur Kreuzigungsstelle, zum Altar der Kreuzannagelung, zum Stabat-Mater-Altar und zum Salbungsstein; dann umkreist sie dreimal die Grabkapelle, das Grab Christi, und den Altar der Maria Magdalena und kehrt zur Erscheinungskapelle zurück. Diese Prozession wurde hier detailliert vorgestellt, denn mit einigen Abweichungen halten die verschiedenen Gemeinschaften die ganze Karwoche über vergleichbare Prozessionen ab.

Seine Eminenz Erzbischof Dr. Anba Abraham, der koptisch-orthodoxe Metropolit von Jerusalem und dem Nahen Osten, am Palmsonntag auf dem Vorhof.

Am Nachmittag zelebriert Seine Heiligkeit der griechisch-orthodoxe Patriarch im Katholikon einen Gottesdienst und führt dann die Palmsonntagsprozession an, die von Betfage auf dem Ölberg den Westhang des Ölbergs hinab an der Kirche Dominus Flevit vorbeiführt, deren Name an die Stelle erinnert, an der „der Herr weinte“ über seine Prophezeiung, Jerusalem werde zerstört werden (Lukas 19,41). Der Patriarch, gefolgt von der orthodoxen Gemeinschaft, trägt Palmzweige und zieht durch das Kidrontal zum Kloster St. Anna beim Stephanstor. Dieser Weg entspricht dem Weg Christi von Betfage nach Jerusalem, die Lateiner folgen ihm am Palmsonntag. Die katholische Prozession wird von der Laiengemeinschaft angeführt, am Ende folgen Seine Heiligkeit der lateinische Patriarch, Seine Eminenz der Generalvikar des lateinischen Patriarchen von Jerusalem und der Hochwürdigste Kustos des Heiligen Landes, der dem Franziskanerorden vorsteht. Danach kommt noch als Relikt aus der Zeit der Kreuzfahrer der Ritterorden der Grabeskirche, der auf Gottfried von Bouillon, der 1099 zum Beschützer des Heiligen Grabes ernannt worden war, zurückgeht. Seine Mitglieder tragen weiße Umhänge mit großen, roten Franziskanerkreuzen und riesige Samtbarette.

Diese Palmsonntagsprozession folgt einer alten Tradition. Sie wird schon von der Pilgerin Egeria im 4. Jahrhundert beschrieben: „Die Menschen ... gehen zu Fuß den ganzen Weg vom Gipfel des Ölbergs. Die Menschen gehen vor dem Bischof und singen ‚Gesegnet sei er, der kommt im Namen des Herrn‘ (Matthäus 21,9), und die Kinder halten Zweige von Palmen und Ölbäumen in Händen. So ... kehren sie zur Stadt zurück.“

Heute, siebzehn Jahrhunderte später, ist es noch dieselbe Palmsonntagsprozession, ein Höhepunkt für die Laien, die ansonsten lediglich passive Besucher der Veranstaltungen sind. Die Prozession ist vor allem für die Schulen und Pfadfindergruppen der umliegenden christlichen Gemeinschaften von Bedeutung, denn sie schreiten singend zum Kloster St. Anna und kehren dann unter Trommelwirbeln und Dudelsackklängen durch die Straßen Jerusalems zu den Patriarchenresidenzen im christlichen Viertel zurück.

Der Hauptteil der Liturgie am Palmsonntag findet in der Kirche selbst statt. Hier werden zum ersten Mal alle Gottesdienste von den fünf Gemeinschaften, die Rechte in der Grabeskirche haben, zelebriert. Fallen die Daten der jeweiligen Kalender nicht zusammen, dann kann es vorkommen, dass etwa die Katholiken Ostersonntag am selben Tag feiern, an dem die Ostkirchen Palmsonntag feiern. Das bedeutet, dass den ganzen Tag über unablässig Prozessionen vorüberziehen, Patriarchen in die Kirche einziehen, Gottesdienste und Messen abgehalten werden und das Innere der Kirche sich von Minute zu Minute verändert.

Der Palmsonntag beginnt damit, dass der Vikar des armenischen Patriarchen, der oberste Kleriker der armenischen Gemeinschaft Jerusalems, um 5 Uhr 30 die Galerie am Kalvarienberg zu einem Gottesdienst betritt. Das ist das Zeichen zum Einzug der Gemeinschaften. Um 7 Uhr trifft der lateinische Patriarch ein und segnet in einem Gottesdienst Palmzweige vor der Grabkapelle, von wo aus er eine Prozession dreimal um den Grabbau führt und von dort zur Erscheinungskapelle, ehe er vor dem Grabbau eine Messe zelebriert. Um 7 Uhr 30 betritt der griechische Patriarch die Kirche und zieht durch den Seiteneingang zum Katholikon, da die Lateiner gleichzeitig einen Gottesdienst neben dem Haupteingang gegenüber dem Grab abhalten. Während der katholischen Messe betreten auch die koptische und die syrische Gemeinschaft die Rotunde und ziehen zu ihren Teilen des Gebäudes hinter dem Grab und in der Nikodemuskapelle weiter. Um 8 Uhr betritt der armenische Patriarch das Gebäude und begibt sich unmittelbar zur armenischen Galerie südlich des Grabbaus. Zu diesem Zeitpunkt finden nur wenige Meter voneinander entfernt fünf Gottesdienste parallel statt. Das führt zu einem festlichen Durcheinander von Stimmen, denn jede Gemeinschaft wetteifert darum, dass ihre Gebete gehört werden, und die Orgel der Katholiken steuert ihren Teil dazu bei. Jedes Mal, wenn die Orgel für das stumme Gebet schweigt, rücken die Klänge der anderen Gemeinschaften in den Vordergrund, ob es nun die opernhaft dramatischen Stimmen der Armenier sind oder die byzantinischen Gebete der Griechen oder die aufbrausenden Stimmen der Kopten. Die Geistlichen sorgen für einen wahren Regenbogen an Farben, denn die Gemeinschaften tragen ihre herrlich verzierten Gewänder und Kronen. Die Weihrauchträger ziehen durch die Kirche, ihre Weihrauchgefäße an den Ketten schwingen von rechts nach links, während sie sich in einer dicken Wolke aus intensiv riechendem Weihrauch von Altar zu Altar und von Ikone zu Ikone begeben.

Kaum haben sich die Katholiken zurückgezogen, werden ihre Teppiche, der Patriarchenthron und die Sitze rasch vom Eingang zur Grabkapelle entfernt und die Orgelmusik verstummt. Das Tor, das das griechisch-orthodoxe Katholikon von der Rotunde trennt, wird aufgestoßen und sogleich übernimmt eine griechische Prozession den Bereich der Rotunde. Innerhalb weniger Sekunden wird aus der Liturgie nach westlichem Ritus eine nach östlicher Tradition. Die Anwesenden halten Palmzweige in den Händen, während sie zu einem geistlichen Lied voranschreiten. Auch diese Prozession nimmt einen ähnlichen Verlauf: um den Grabbau, zum Salbungsstein, von dort durch den Umgang des Katholikon, vorbei am Altar der Maria Magdalena, zurück zum Katholikon, von wo aus der Patriarch unmittelbar durch die Straßen zu seinem Patriarchensitz zurückkehrt.

Sogleich nimmt die Dreifachprozession der Armenier, Kopten und Syrer zum Palmsonntag ihre Stellung in der Rotunde ein. Es ist die erste von drei derartigen Prozessionen dieser Gemeinschaften in der Karwoche. Sie stellen sich hintereinander um die Grabkapelle auf. Jede Konfession wird von den Kawassen, den Standartenträgern, dem Chor und dem hohen Klerus angeführt. Den Schluss bildet der Patriarch, dem sein Thron nachgetragen wird. Abermals erstrahlt die Szenerie in den unterschiedlichen brokatbesetzten Umhängen, wobei die Patriarchen die auffälligsten Gewänder tragen. Alle Teilnehmer halten Palm- und Ölzweige in Händen. Dreimal ziehen sie um das Grab und bleiben dann am Eingang zur Grabkapelle stehen, wo der Thron aufgestellt wird und jeder Patriarch ein kurzes Gebet hält, ehe er die Grabkapelle betritt. Jeder Patriarch wird dabei von einem eigenen Chor begleitet; dadurch verändert sich der Klang in den Ohren der Beobachter unablässig, während die Prozession um das Grab zieht. Nach dem dritten Umlauf kehren die drei Gemeinschaften in ihre Kapellen zurück und verlassen dann die Grabeskirche.

An den Wochentagen der Karwoche finden kleinere Gottesdienste statt. Am Montag, Dienstag und Mittwoch vor Ostern führen die Katholiken kleine Pilgerzüge durch. Der erste führt zur fünften Kreuzstation und erinnert an die Stelle, an der Simon von Kyrene Christus das Kreuz tragen half. Am Tag darauf findet ein Gottesdienst in der Verspottungskapelle statt und am Mittwoch wird in der Erscheinungskapelle die Geißelungssäule ausgestellt. Sie ist mit Blumen geschmückt und während der Messe in der Kapelle stehen mehrere Leuchter vor ihr. Die orthodoxen Kirchen verbringen diese Tage ruhig. Die griechisch-orthodoxen Pilger nutzen die Gelegenheit, die Stelle am Jordan, an der Jesus getauft wurde, bei Kasr al-Yahud unweit von Jericho zu besuchen. Die Armenier halten am Dienstag vor Ostern eine kurze Messe in der Johanneskapelle im Vorhof der Grabeskirche ab.

Gründonnerstag und die Zeremonie der Fußwaschung

„Jesus, der wusste, dass ihm der Vater alles in die Hand gegeben hatte und dass er von Gott gekommen war und zu Gott zurückkehrte, stand vom Mahl auf, legte sein Gewand ab und umgürtete sich mit einem Leinentuch. Dann goss er Wasser in die Schüssel und begann, den Jüngern die Füße zu waschen und mit dem Leinentuch abzutrocknen, mit dem er umgürtet war.“ (Johannes 13,3–5)

Die Fußwaschung der Jünger durch Christus als Vorwegnahme der letzten Phasen seines Lebens, um die er allein wusste, ist die Grundlage für eines der bedeutenden Ereignisse des Jerusalemer Osterfests. Die Zeremonie der Fußwaschung, die an dieses Ereignis erinnert, ist im Johannesevangelium detailliert beschrieben und wird von allen Glaubensgemeinschaften mit großem Prunk begangen. Zu dieser Zeremonie werden alle Regierungen und diplomatischen Würdenträger eingeladen, denen an prominenter Stelle ein Platz eingeräumt wird, von dem aus sie das Schauspiel beobachten können.

Die eindrucksvollste Zeremonie feiern die Griechen; sie findet bei gutem Wetter auf einem erhöhten Podest auf dem Vorhof der Grabeskirche statt. Schon am frühen Morgen füllen sich der umliegende Hof, die Fenster, Balkons und Dächer mit Menschen, die einen guten Blick auf die Ereignisse haben wollen. Das Podest wird mit einem Teppich ausgelegt, auf den der Patriarchenthron gestellt wird, der von Bänken mit Kissen flankiert wird. Einigen Metallringen an der gegenüberliegenden Wand, die den Rest des Jahres über unbenutzt sind, kommt plötzlich eine Bedeutung zu, denn an ihnen wird ein kleines Holzbrett mit einem mit Stoff verkleideten Lesesockel gegenüber dem Podest befestigt; darüber hängt ein Weidenzweig als Symbol für den Baum der Todesangst in Getsemani.

Zu Beginn der Zeremonie steigt ein griechisch-orthodoxer Archimandrit mit einer Leiter zu diesem Podest empor, und kurz danach erscheint der Patriarch in einer Prozession mit zwölf weiteren Archimandriten, die für die zwölf Jünger stehen; gemeinsam steigen sie auf das Podest in der Mitte. Die Gewänder des Patriarchen wechseln bei jeder Zeremonie der Karwoche; in diesem Fall trägt er ein gold- und silberdurchwirktes Gewand, das mit Ikonen und Edelsteinen verziert ist, sowie ein silbernes Zepter, das von einem von zwei Schlangen umgebenen Kreuz gekrönt ist. Auch die Archimandriten sind prunkvoll in strahlend rote und goldene Gewänder gekleidet, tragen aber anstelle der juwelenbesetzten Krone des Patriarchen die übliche hohe, flache Kopfbedeckung der Griechen. Auf dem Podest stehen am Boden ein Krug und ein Silberbecken neben einem Blumenstrauß. Nachdem der Patriarch die Menge segnet, steigt er vom Podest herab und kniet zum Gebet nieder; damit vollzieht er symbolisch den Rückzug Christi von seinen Jüngern am Vortag seiner Gerichtsverhandlung und seiner Hinrichtung. Zu diesem Zeitpunkt beginnt der Archimandrit auf dem Sims, Gebete zu rezitieren, die bis zum Ende der Liturgie andauern.

Der Patriarch besteigt wieder das Podest. Sein äußeres Gewand wird abgelegt, darunter erscheint ein schlichtes weißes Kleid, um das ein großes Handtuch gewickelt ist. Wasser wird in das Becken gegossen, dann ziehen die Archimandriten jeweils einen Strumpf aus, und der Patriarch kniet nieder, um ihnen die Füße zu waschen und zu trocknen. Dann kehren alle in einer Prozession zum griechischen Patriarchensitz zurück, wobei der Patriarch die Blumen in das verbliebene Wasser taucht und die ihn umgebenden Menschen mit dem nunmehr geheiligten Wasser besprengt.

Die übrigen Kirchen feiern ähnliche Zeremonien. Die lateinische Liturgie, die am Gründonnerstag in der Grabeskirche vor der Grabkapelle abgehalten wird, ist sehr viel schlichter. Außer dem Klerus besuchen nur etwa hundert Gläubige die Zeremonie. Der Tag hat mit einer Prozession des Allerheiligsten begonnen, das in einem Gefäß auf dem Grab platziert wurde, wo es bis zum Freitagmorgen bleibt. Der Patriarch sitzt auf einem Thron gegenüber dem Grab; ihm zur Seite stehen Priester in zwei einander zugewandten Reihen. Nach dem Gebet wird Seine Heiligkeit in ein Tuch gehüllt, und dann beginnt der Patriarch, die Füße der dreizehn Priester und Laien zu waschen, die vorher jeweils einen Strumpf ausgezogen haben. Dann wäscht sich der Patriarch die Hände und liest aus dem Johannesevangelium. Unmittelbar nach der Zeremonie werden die Kirchentüren für den Rest des Tages geschlossen.

Seine Eminenz Isychios, Metropolit von Capitolias, bei der Vorbereitung zur griechisch-orthodoxen Zeremonie der Fußwaschung.

Der koptisch-orthodoxe Metropolit bricht das Brot am Gründonnerstag während der Messe in der Kirche St. Antonius im koptisch-orthodoxen Patriarchat.

Zur selben Zeit findet ein Pilgerzug zum so genannten Abendmahlssaal auf dem Berg Zion statt, wo der Überlieferung zufolge das Abendmahl stattfand. Damit erinnert man an den Vorabend des Passahfests, an eines der letzten Ereignisse im Leben Christi.

Die armenische Glaubensgemeinschaft hält ihre Zeremonie in der Jakobuskirche im armenischen Viertel ab. Die Zeremonie wird in Gewändern mit üppigem Brokatbesatz im Chorraum der Kirche vollzogen, wo den Kirchenältesten vom Patriarchen die Füße gewaschen werden. Nach der Waschung trocknet der Patriarch die Füße und zeichnet mit einem in Olivenöl getauchten Finger ein Kreuzzeichen über den Füßen.

Der Gottesdienst der koptischen Kirche ist in vielerlei Hinsicht am bewegendsten. Er ist ein Gemeinschaftsgottesdienst in der Kirche St. Antonius des koptisch-orthodoxen Patriarchats. Die Gemeinde bildet eine lange Reihe, an deren Spitze der Klerus steht, gefolgt von den Männern und schließlich den Frauen der koptischen Gemeinschaft. Seine Eminenz der Erzbischof, der höchste Kirchenvertreter in Jerusalem, wäscht symbolisch der ganzen Versammlung die Füße, indem er die Knöchel der Gläubigen mit einem in Weihwasser getauchten Stück Tuch abwischt.

Karfreitag

Der Gottesdienst am Karfreitag gehört zu den zentralen Ereignissen der Osterliturgie. Mit ihm gedenkt man des Verrats durch Judas, der Verhaftung Christi im Garten Getsemani und seines Verhörs durch Pontius Pilatus im Prätorium. Die Zeremonien halten sich sehr eng an diese zentralen Ereignisse und dauern vom frühen Morgen bis in den späten Abend.

„Da nahmen die Soldaten des Statthalters Jesus, führten ihn in das Prätorium, das Amtsgebäude des Statthalters, und versammelten die ganze Kohorte um ihn. Sie zogen ihn aus und legten ihm einen purpurroten Mantel um. Dann flochten sie einen Kranz aus Dornen; den setzten sie ihm auf und gaben ihm einen Stock in die rechte Hand. Sie fielen vor ihm auf die Knie und verhöhnten ihn, indem sie riefen: Heil dir, König der Juden!" (Matthäus 27,27–28)

Jesus zog mit dem Kreuz, an das er später geschlagen wurde, den Leidensweg – die Via Dolorosa – bis Golgota entlang.

„Sie übernahmen Jesus. Er trug sein Kreuz und ging hinaus zur so genannten Schädelhöhe, die auf hebräisch Golgota heißt. Dort kreuzigten sie ihn und mit ihm zwei andere, auf jeder Seite einen, in der Mitte Jesus." (Johannes 19,16b–18)

Nach der Kreuzigung wurde Jesus durch Josef von Arimathäa und Nikodemus vom Kreuz abgenommen, zur Bestattung vorbereitet und in ein Grab gelegt.

„Sie nahmen den Leichnam Jesu und umwickelten ihn mit Leinenbinden, zusammen mit den wohlriechenden Salben, wie es beim jüdischen Begräbnis Sitte ist. An dem Ort, wo man ihn gekreuzigt hatte, war ein Garten, und in dem Garten war ein neues Grab, in dem noch niemand bestattet worden war. Wegen des Rüsttages der Juden und weil das Grab in der Nähe lag, setzten sie Jesus dort bei." (Johannes 19,40–42)

Die katholische Kirche beginnt den Tag mit einer Prozession vom Grabbau aus und trägt das Allerheiligste, das am Vortag auf das Grab gestellt worden war, zum Kalvarienberg, wo der Gottesdienst stattfindet. Dies ist der Auftakt zu einem der bedeutendsten Ereignisse für die Gläubigen aller Gemeinschaften – die Prozession vom Prätorium die Via Dolorosa entlang vorbei an den neun außerhalb der Grabeskirche gelegenen Kreuzwegstationen in die Kirche selbst. Die Menschenmenge aus Pilgern, einheimischen Christen und Geistlichen trägt große Holzkreuze durch die Straßen der Altstadt Jerusalems und bleibt an jeder der einzelnen Stationen zum Gebet und zum Gedächtnis an die Ereignisse, die sich dort zugetragen haben, stehen. Es ist eine der wenigen Zeremonien, bei denen die Schar der Laien die Führung übernimmt. Nach dem Eintritt durch die Tür der Grabeskirche wird das Kreuz auf einer Seite abgestellt und die Menge löst sich auf, um sich für die umfangreichen Geschehnisse am Abend auszuruhen. Genau zu diesem Zeitpunkt aber füllen sich die Straßen mit neugierigen Zuschauern, Polizisten und vor allem Pressefotografen. Jedes Jahr tritt hier umgeben von evangelischen Protestanten, die als römische Legionäre gekleidet sind, ein einzelner Gläubiger mit einem Lendentuch und einer Dornenkrone auf dem Kopf auf, der an ein Kreuz gebunden und mit einer blutfarbenen Flüssigkeit begossen wird. Dann ziehen sie die Via Dolorosa entlang zur Grabeskirche, wo sie jedes Jahr von der Polizei gewaltsam aufgehalten werden, noch ehe sie den Vorhof betreten können.

Der Nachmittag und der Abend sind dem Gottesdienst der Grablege Christi gewidmet, den jede Gemeinschaft nacheinander in der Grabeskirche abhält mit Ausnahme der Armenier, die ihre Feier in ihrer Jakobuskirche begehen. Der anschaulichste Gottesdienst wird von den Lateinern zelebriert, diesmal durch den franziskanischen Kustos des Heiligen Landes. Nachdem die Gläubigen tagsüber die ersten neun Stationen des Kreuzwegs passiert haben, suchen sie während der Trauerfeier die letzten fünf Stationen auf, die sich in der Grabeskirche befinden. Hinter einem Kreuz wird eine Holzstatue Christi von der franziskanischen Erscheinungskapelle zur zehnten Station des Kreuzwegs getragen – dem Gefängnis Christi, das sich im nördlichen Querschiff befindet. Dann sucht die Prozession die Stätten zum Gebet auf, die die Stationen dieser letzten Phase im Leben Christi repräsentieren, angefangen bei der Kapelle des hl. Longinus, des Soldaten, der Jesus in die Seite stach, um deutlich zu machen, dass er tot war: „Als sie aber zu Jesus kamen und sahen, dass er schon tot war, zerschlugen sie ihm die Beine nicht, sondern einer der Soldaten stieß mit der Lanze in seine Seite, und sogleich floss Blut und Wasser heraus." (Johannes 19,33–34)

Dann zieht die Prozession weiter zur Kapelle der Kleiderverteilung, die daran erinnert, wie die Kleider Jesu per Los unter den Soldaten verteilt wurden, und danach zur Verspottungskapelle, die davon kündet, wie Christus eine Dornenkrone auf das Haupt gesetzt wurde, ehe er auf seinem Weg durch die Straßen Jerusalems verhöhnt und schließlich hingerichtet wurde.

Dann wird die Christusstatue den Kalvarienberg hinaufgetragen, wo sie an ein Holzkreuz geheftet und Christus somit symbolisch gekreuzigt und von eben diesem Kreuz wieder abgenommen wird. In einem feierlichen Gebet wird dieses Christussymbol dann von Golgota hinunter zum Salbungsstein gebracht, wo der Körper gereinigt, gesalbt und in ein weißes Leinentuch gehüllt wird. Schließlich tragen die Franziskanermönche die Statue im Leichentuch zum Grabbau, wo sie auf die Grabplatte gelegt wird; dann wird das Tor versiegelt. Die orthodoxen Kirchen halten gleichfalls eine Prozession in dieser Reihenfolge ab, wobei sie ein gemaltes oder auf Stoff gesticktes Bild Christi mit sich tragen. Dieses Banner wird von vier Kirchenältesten um die Grabkapelle getragen, mit Blütenblättern bedeckt und schließlich in das Grab gelegt, ehe dieses versiegelt wird. Während des ganzen Gottesdienstes erklingen Klagelieder. Die Grabprozession findet für die Griechisch-Orthodoxen zweimal statt: Einmal zieht man für die ortsansässigen Christen dreimal um den Vorhof, dann, später am Abend, für die griechische Kirche. Für die Pilger aus Griechenland, den Mittelmeerinseln und Russland bedeutet dies die Vorbereitung auf die Zeremonie des heiligen Feuers. Die Pilger füllen jeden Raum in der Kirche aus, breiten Decken auf dem Boden aus oder stellen Klappstühle auf. Schon bald ist die Rotunde voll und die Kawassen stoßen und schieben die Menschen beiseite, um Platz für die Prozession zu schaffen. Am Ende des Gottesdienstes versuchen die Pilger, sich einen guten Platz für den nächsten Tag zu sichern. Um Mitternacht, nachdem der griechisch-orthodoxe Klerus die Kirche verlassen hat, treibt die Polizei die enttäuschten Gläubigen aus der Kirche in den Vorhof hinaus. Dann wird der Boden oberflächlich gereinigt und der Raum um den Grabbau mit Stahlbarrieren unter den armenischen, syrisch-orthodoxen, koptischen und den ortsansässigen griechisch-orthodoxen Christen aufgeteilt, sodass für die auswärtigen orthodoxen Gläubigen nur Platz im Katholikon bleibt. Zu diesem Zeitpunkt sind die Tore der Grabeskirche versiegelt.

Die lateinische Prozession führt vom Prätorium über die Via Dolorosa.

Karsamstag und die Zeremonie des heiligen Feuers

Höhepunkt für die orthodoxen Gläubigen ist in der Karwoche die berühmte Zeremonie des heiligen Feuers, die in der Grabeskirche ein einmaliges Ereignis darstellt.

„Die Menge wartete in der Rotunde, während sie das ‚Kyrie eleison' sang und jeder dabei die tiefsten Tiefen seiner Seele ergründete, seiner Sünden gedachte und sich insgeheim fragte: ‚Werden

Ein koptischer Ministrant.

meine Sünden das Herabsteigen des heiligen Lichtes verhindern?‘ Am Ende der neunten Stunde … erhellte plötzlich das heilige Licht das Heilige Grab und leuchtete mit einem Ehrfurcht einflößenden strahlenden Glanz. … Der Mensch kann keine größere Freude erleben als jeder Christ in dem Augenblick empfindet, wenn er das heilige Licht Gottes erblickt. Wer an der Herrlichkeit dieses Tages nicht teilhatte, wird den Bericht dessen, was ich gesehen haben, nicht glauben.“ (Abt Daniel, 1106–7)

Bis zum heutigen Tag ragt diese Zeremonie aus allen anderen heraus, ihr Ursprung ist unbekannt und rätselhaft. Die Zeremonie stellt symbolisch die Auferstehung Christi dar, vertreten durch das Wunder des Lichts, das vom Himmel herabsteigt und die Lampen im Heiligen Grab entzündet, die am Karfreitag erloschen waren. Der orthodoxe Klerus erklärt zwar unermüdlich, das heilige Feuer sei kein Wunder, aber die Menschen sehen es als solches an, und es kommt zu Szenen gläubiger Hysterie, die alle anderen Ereignisse der Karwoche in den Schatten stellen.

Um 8 Uhr wird die Kirchentür vom armenischen Dragoman feierlich geöffnet. Sogleich strömen die ortsansässigen Christen, die im Vorhof gewartet haben, scharenweise zu ihren Plätzen, wobei der Klerus aufpasst, dass nur Mitglieder der jeweiligen Gemeinschaft die vorbestimmten Plätze ein nehmen. Die Armenier nehmen in dem Bereich südlich der Grabkapelle neben ihrer Galerie Platz, die Kopten hinter dem Grab neben ihrer Kapelle, die Syrisch-Orthodoxen nördlich vom Eingang zur Nikodemuskapelle und die arabischen Orthodoxen am nördlichen Ende des Grabbaus. Alle halten Fackeln und Kerzen in Händen, die später vom heiligen Feuer entzündet werden. Die übrigen Pilger dürfen im Katholikon und dem dahinter liegenden Umgang Platz nehmen. Bald füllt sich die Rotunde mit Klängen der Gemeinschaften, die sich mit ihren religiösen Gesängen gegenseitig zu übertönen versuchen. Die russischen und griechischen Pilger, meist Frauen mittleren Alters, sind ganz in Schwarz gekleidet, verfolgen das Geschehen mit tiefgläubigem Blick und bekreuzigen sich inbrünstig.

Um 10 Uhr 30 betritt der armenische Patriarch die Kirche, geht einmal um das Grab und besteigt dann den Thron in der Galerie über dem Grab, von wo aus er das Geschehen beobachtet.

Um 11 Uhr bringt ein griechischer Priester einen großen Wachswürfel zum Grabbau. Das Grabesinnere wird nach Streichhölzern und anderem Brennmaterial durchsucht, dann wird das Grab gemeinsam von griechischen, armenischen und syrischen Priestern sowie einem der muslimischen Wächter des Grabes versiegelt. Ein Franziskanermönch, der einzige Vertreter seiner Gemeinschaft, steht dabei auf der Seite, die Türen und die Galerie des lateinischen Bereichs der Kirche aber bleiben oft dunkel, verschlossen und leer, ein Ausdruck dafür, dass diese Kirche diese Zeremonie missbilligt.

Dann marschieren die ortsansässigen christlichen Jugendlichen, die auf ihren Schultern andere Männer tragen, aus der Altstadt Jerusalems zur Kirche in den Umgang um die Rotunde, wo sie sich aufstellen, heftig gestikulieren und klatschen und ihre Mitgläubigen anstacheln, was die Emotionen der Zuschauer zum Siedepunkt treibt. Unterdessen steigt der griechisch-orthodoxe Patriarch das Treppenhaus seiner Residenz hinab in den Vorhof, wo er auf möglicherweise versteckte Brennmaterialien in seinen Gewändern untersucht wird. Dann begibt er sich unmittelbar zu seinem Thron im Katholikon.

Nach dem Eintritt Seiner Heiligkeit des griechischen Patriarchen ziehen die koptischen und syrisch-orthodoxen Geistlichen, die die Kirche am frühen Morgen zum Gebet betreten haben, zur armenischen Sakristei, machen dem armenischen Patriarchen ihre Aufwartung und überreichen ihm ihre Kerzenbündel für das heilige Feuer. Zusammen mit ihm ziehen sie dann in das Katholikon, wo sie gemeinsam dem griechisch-orthodoxen Patriarchen ihre Ehrerbietung erweisen, dem sie die Kerzenbündel überreichen; die Oberhäupter der drei Gemeinschaften kehren dann zu ihren Plätzen zurück. Jetzt bringt der griechische Wächter des Heiligen Grabes in Begleitung des Dragoman das erloschene Ewige Licht aus der Schatzkammer neben dem Salbungsstein zum Grabbau, wo es vom Heiligen Geist wieder entzündet werden wird.

Unter gewaltigem Glockenklang werden die Türen zum Katholikon aufgestoßen und eine Prozession griechischer Priester in weiß-goldenen Gewändern zieht hinter den Bannern und den Weihrauchträgern dreimal um das Grab. Die Prozession wird vom Patriarchen beschlossen, der seine

Amtsjuwelen und seine Krone trägt. Nach dem dritten Umgang legt der Patriarch sein äußeres Gewand und die Krone ab. Die Siegel des Grabbaus werden aufgebrochen und der Patriarch betritt zusammen mit dem armenischen Prälaten das Grab Christi; hinter ihnen schließt sich die Tür wieder. In Erwartung des Geschehens fällt die Menge der Gläubigen in Schweigen, die Kirchenglocken klingen aus und nach einigen spannungsvollen Minuten erblickt man im Grab einen Lichtschein. Zunächst werden durch eine Öffnung an der Südseite des Grabbaus einem Laien der armenischen Gemeinschaft einige Kerzen überreicht, der zur Galerie eilt, um sie dem armenischen Patriarchen zu übergeben. Dann tragen koptische und syrische Laien ihre brennenden Kerzenbündel von derselben Öffnung zu ihren Gemeinschaften und Kapellen. Zur selben Zeit wird ein anderes Kerzenbündel durch die Nordöffnung der Grabkapelle einem Priester gereicht, der sie dem Wächter des Heiligen Grabes im Katholikon bringt. In heftiger Erregung werden die Türen zum Grab aufgestoßen, der griechische Patriarch erscheint mit zwei riesigen Kerzenbündeln und wird emporgehoben. Dann beginnen die Menschen, ihre Kerzen an der Hauptquelle zu entzünden, und alsbald erfüllen Flammen und Rauch die Kirche, wobei sich die Gläubigen immer wieder bekreuzigen. Läufer bringen vielen Pilgern auf dem Vorhof, auf der Kuppel über dem Grabbau und auf dem Dach brennende Kerzen und bald erstrahlen auch diese Bereiche mit Tausenden von Lichtern.

Unmittelbar darauf verlässt der griechisch-orthodoxe Patriarch die Kirche, und eine dreifache Prozession aus Armeniern, Kopten und Syrern umkreist das Grab dreimal. Die Prozession wird von den Trägern der Banner, Weihrauchkessel, Kerzen, Kreuzen und Bibeln angeführt, ihnen folgen die Bischöfe, die jeweils vor dem Grab zum Gebet innehalten.

Die bedeutendste Zeremonie der äthiopischen orthodoxen Kirche findet etwas später am selben Abend auf dem Dach der Helenakapelle statt. Man kann sich durchaus nach Afrika versetzt fühlen, wenn der Bereich des Deir es-Sultan sich mit Pilgern in ihren äthiopischen Trachten füllt. Aus einem Zelt tritt der äthiopische Patriarch hervor, dem eine riesige Trommel und eine Gruppe von Tänzern vorangeht. Er hält eine große Kerze in Händen, an der die Pilger ihre eigenen Kerzen entzünden, während er dreimal um die Kuppel schreitet und die Nacht mit Flammen erhellt. Kurz danach beginnen die abschließenden Osterereignisse in der Grabeskirche, während sich die Gläubigen zur Mitternachtsmesse versammeln.

Seine Heiligkeit Diodoros I., der griechisch-orthodoxe Patriarch von Jerusalem, ergreift Kerzenbündel, die am heiligen Feuer entzündet wurden, und wird vom Grabbau zum Katholikon getragen.

Ostersonntag

„Nach dem Sabbat kamen in der Morgendämmerung des ersten Tages der Woche Maria aus Magdala und die andere Maria, um nach dem Grab zu sehen. Plötzlich entstand ein gewaltiges Erdbeben; denn ein Engel des Herrn kam vom Himmel herab, trat an das Grab, wälzte den Stein weg und setzte sich darauf. ... Der Engel sagte zu den Frauen: Fürchtet euch nicht! Ich weiß, ihr sucht Jesus, den Gekreuzigten. Er ist nicht hier; denn er ist auferstanden, wie er gesagt hat." (Matthäus 28,1–6)

Kurz vor Mitternacht versammeln sich die Katholiken vor dem Grabbau und ziehen dann zur Aula der Maria Magdalena, der Erscheinungskapelle und dem Kalvarienberg zu einer Reihe von Messen, die von dem Hochwürdigsten Vater, dem Kustos des Heiligen Landes, abgehalten werden und in denen die Auferstehung Christi gefeiert wird.

Gleichfalls um Mitternacht beginnt die griechische Auferstehungsmesse mit einer weiteren Prozession um den in Weiß gekleideten griechisch-orthodoxen Patriarchen. Nachdem der Patriarch das Grab dreimal im Gebet umschritten hat, betritt er das Grab und findet es leer. Beim Verlassen des Grabes hebt er die Arme und ruft aus:

„Christus ist auferstanden. Halleluja! Halleluja! Er ist wahrhaftig auferstanden!"

Bei diesen Worten beginnen die Glocken zu läuten, die Pilger heben die Banner und Kerzen hoch und senken sie wieder; sie sind jetzt zutiefst erregt und singen immer wieder „Christus ist auferstanden!". Dann wird die Heilige Kommunion ausgeteilt, erst durch zwei Seniormetropoliten dem Patriarchen selbst, dann durch den Patriarchen an die Metropoliten, die ihm ehrfürchtig die Hand küssen. Damit gerät die Menge der Gläubigen in Erregung, denn nun wird ihnen das Sakrament ausgeteilt, ehe sie

Brennende Öllampen über dem Grab Christi. Jede Öllampe trägt das Symbol der Gemeinschaft, der sie gehört. Die Abbildung zeigt die Lampen der franziskanischen Kustodie des Heiligen Landes.

sich durch die fast leeren Straßen Jerusalems auf den Heimweg begeben. Unterdessen bildet sich eine weitere Prozession von Armeniern, Kopten und Syrern um das Grab, die bis zu den ersten Lichtstrahlen des Ostermorgens andauert.

Die Stadt und die Kirche

Vorhergehende Doppelseite: *Die Kuppel über dem Katholikon, dem griechisch-orthodoxen Bereich im Zentrum der Grabeskirche, erhebt sich über dem Dach des Umgangs. Sie wurde 1809–10 von dem griechischen Architekten Nikolaos Ch. Komnenos errichtet und ersetzte die durch den verheerenden Brand von 1808 zerstörte Kuppel.*

Oben: *Die beiden Kuppeln der Grabeskirche gehören zu den Wahrzeichen der Altstadt Jerusalems. Im Vordergrund der Glockenturm.*

Verkäufer auf dem Muristan östlich der Grabeskirche unter blühenden Mandelbäumen. Barrieren markieren den Weg der Pilger durch die Via Dolorosa über den Muristan zur Kirche. Im Muristan-Viertel liegen die Bauten der Ordensgemeinschaft der Hospitaliter, die im 11. Jahrhundert in Jerusalem gegründet wurde und bis heute existiert.

In die Säule links des Haupteingangs zur Grabeskirche haben Jahrhunderte hindurch Pilger Kreuze eingraviert. In den Riss, der durch die ganze Säule verläuft, hat ein Pilger einen Zettel gesteckt, auf dem er um den Segen für dieses bedeutende Heiligtum bittet.

Die vermutlich berühmteste Ansicht Jerusalems vom Ölberg im Westen der Stadt mit Blick auf den Tempelberg und die Altstadt. Über der Mauer des Tempelbergs, die es schon zur Zeit Jesu gab, liegt der Felsendom, der mit großer Sicherheit an der Stelle des Tempels steht und heute den Ort des Aufstiegs Mohammeds in den Himmel markiert. Dahinter sind die Kuppeln und der Glockenturm der Grabeskirche zu sehen. Links von ihm ist der Turm der deutsch-lutherischen Erlöserkirche zu erkennen, die auf dem Muristan an der Stelle der Hospitaliterkirche Santa Maria Latina errichtet wurde.

ΠΡΟΓΡΑΜΜΑ

Ikonen, Ansichtskarten, schillernde 3-D-Bilder, Kruzifixe, Anhänger und sogar Dosen mit Luft aus dem Heiligen Land werden den Pilgern von heute angeboten. Dieser Handel, der so alt ist wie die Kirche selbst, hatte früher einmal „echte" Stücke des heiligen Kreuzes, Reliquien und Modelle der Grabeskirche im Angebot.

Die Fassade der Grabeskirche aus dem 12. Jahrhundert gehört zu den herausragenden Leistungen der Kunst und Architektur der Kreuzfahrer im Heiligen Land. Über dem Doppelportal befanden sich zwei verzierte Türstürze, von denen einer Szenen aus dem Leben Christi darstellte, der andere mit pflanzlichen und figürlichen Reliefs verziert war. Die zerbröckelnden Stürze wurden 1929 abgenommen und sind seither im Rockefeller-Museum ausgestellt.

Der ursprünglich von den Kreuzfahrern errichtete Glockenturm der Kirche erhebt sich links von der Fassade über der Kapelle der Vierzig Märtyrer. Durch ein Erdbeben wurden die drei oberen Geschosse zerstört, sodass nur noch ein wenig befriedigender Stumpf übrig blieb. Die Flagge des griechisch-orthodoxen Patriarchats von Jerusalem über dem Turm demonstriert, dass die griechisch-orthodoxe Kirche seit der Einigung zwischen den verschiedenen Religionsgemeinschaften über den Status quo von 1852 die Oberhoheit über den Turm und die meisten Innenräume der Grabeskirche hat.

Folgende Doppelseite: *Nachtaufnahme von der Ostseite der Grabeskirche mit der Kuppel über dem Katholikon und dem Dach über dem Umgang. Links das Minarett der El-Omariye-Moschee, die Saladin am Eingang der Kirche errichten ließ, nachdem er 1187 die Stadt von den Kreuzfahrern erobert hatte.*

Das Öffnen der Tore

Vorhergehende Doppelseite: *Die großen Holztore der Grabeskirche tragen die Spuren der Geschichte. Bemerkenswert sind das alte Vorhängeschloss und die verschlossene Luke, durch die dem Türwächter die Leiter gereicht wird, mit der er das Vorhängeschloss erreichen kann, um die Kirche aufzuschließen. Außer an Festtagen werden die Tore abends meist eine Viertelstunde nach Sonnenuntergang verschlossen. Geistliche der verschiedenen christlichen Gemeinschaften bleiben über Nacht in der Kirche, um ihre jeweiligen Interessen zu vertreten und über ihre Besitztümer zu wachen.*

Da die Grabeskirche sich im Besitz verschiedener christlicher Gemeinschaften befindet, wird die Verfügung über den Schlüssel, einst Anlass für Zwist und Streit, heute durch den Status quo geregelt. Nach der Vertreibung der Kreuzfahrer war der Zutritt zur Kirche durch die muslimischen Herrscher eingeschränkt und bis zur Herrschaft von Ibrahim Pascha lediglich gegen Zahlung einer Gebühr möglich. Bis 1831 befand sich der Schlüssel im Besitz der muslimischen Familie Joudeh. Das tägliche Öffnen der Türen wird bis heute den Mitgliedern der Familie Nusseibeh anvertraut. Auf dem Foto wartet ein Mitglied der franziskanischen Kustodie des Heiligen Landes mit dem Schlüssel in der Hand vor der Kirche auf die feierliche Zeremonie der Öffnung der Tore.

Metropolit Daniel vom Berg Tabor, der griechisch-orthodoxe Vorsteher der Grabeskirche, steht wie ein Wachposten vor der geschlossenen Tür der Kirche und wartet auf eine der drei feierlichen Öffnungen der Tore, die in der Karwoche je einmal von den römisch-katholischen Christen (am Palmsonntag), den griechisch-orthodoxen Gläubigen (am Karfreitag) und den Armeniern (am Karsamstag) zelebriert wird. Form und Abfolge der einzelnen Schritte des feierlichen Eintritts sind genau festgelegt.

Ein Mönch, der die ganze Nacht über in der Kirche eingeschlossen war, wartet auf das Öffnen der Tore. Die Leiter, mit der man das Vorhängeschloss erreicht, wird durch die Türluke gereicht.

Unter den beobachtenden Blicken der Vertreter des lateinischen Patriarchats und der franziskanischen Kustodie des Heiligen Landes, die seit dem 14. Jahrhundert die Interessen der römisch-katholischen Kirche an der Grabeskirche vertreten, reicht der lateinische Sakristan beim lateinischen feierlichen Eintritt am Palmsonntag von innen die Leiter durch die Luke dem draußen wartenden Türwächter.

Der muslimische Türwächter, Mitglied einer der beiden seit dem Mittelalter mit dem Öffnen der Tür betrauten Familien, besteigt traditionsgemäß die Leiter, um das Vorhängeschloss zu öffnen.

Nachdem das erste Schloss geöffnet wurde, wird die Tür von dem Sakristan in der Grabeskirche aufgezogen. Danach wird der zweite Flügel durch den muslimischen Türwächter von außen aufgestoßen.

Nach der feierlichen Öffnung der Grabeskirche durch die Vertreter der griechisch-orthodoxen Kirche am Karfreitag, die der Erste Dragoman, der Metropolit Christodoulos von Eleftheropolis vornimmt, werden die beiden Torflügel aufgestoßen und die Menge drängt in die Kirche.

Die griechisch-orthodoxe Gemeinschaft

Vorhergehende Doppelseite: *Ein russisch-orthodoxer Mönch beim Gebet im Schein einer Kerze in einer Ecke der Grabeskirche. Die russisch-orthodoxen Christen zählten während der osmanischen Herrschaft im 19. Jahrhundert zu den bedeutendsten Förderern der Kirche, indem sie 1808 einen Großteil des für den Wiederaufbau des Heiligen Grabes, des Grabbaus, benötigten Geldes zur Verfügung stellten.*

Links: *Die griechisch-orthodoxe Kreuzigungskapelle auf Golgota steht an der Stelle, wo Jesus der Überlieferung zufolge gekreuzigt wurde. Die Stelle selbst unter dem Altar wird durch eine Glasscheibe geschützt. Rechts von der Kapelle befindet sich der lateinische Stabat-Mater-Altar, der an den Ort erinnert, wo Maria über dem Leichnam Jesu trauerte, nachdem er vom Kreuz genommen wurde. Die Büste ist ein Geschenk Portugals an die Grabeskirche aus dem Jahr 1778.*

Seine Eminenz Vassilios, Seniormetropolit von Caesarea, liest die Messe für die griechisch-orthodoxe Gemeinde.

Der griechisch-orthodoxe Vorsteher der Grabeskirche, Metropolit Daniel, beobachtet von einer Bank aus die Zeremonie einer der übrigen Religionsgemeinschaften, um sicherzustellen, dass keine Übergriffe auf die Rechte seiner Kirche stattfinden und alle Bestimmungen des Status quo eingehalten werden.

Griechische Pilger in ihren traditionellen schwarzen Gewändern beten, ehe sie ihre Kerzen anzünden und dadurch weihen. Dann stecken sie die Kerzen in Sandtröge, die entlang den Wänden des Grabhaus aufgestellt sind.

Mit einer Ikone, die den Einzug Jesu als Messias in Jerusalem auf einem weißen Esel mit einem Palmzweig in den Händen zeigt, nehmen zwei Mitglieder der griechischen Bruderschaft vom Heiligen Grab an der Palmprozession von Betfage über den Ölberg in die Altstadt von Jerusalem teil. Die griechisch-orthodoxe Prozession findet am Lazarus-Sonnabend, dem Tag vor Palmsonntag, statt.

Am Palmsonntag wartet eine Pilgerin mit einem Palmwedel geduldig auf die Prozession, die vom griechisch-orthodoxen Patriarchat zur Grabeskirche führt.

Anstelle des Patriarchen von Jerusalem zieht Seine Eminenz Isychios, der Metropolit von Capitolias, von der Grabeskirche zum Vorhof, um am Morgen des Gründonnerstags die Zeremonie der Fußwaschung vorzunehmen. Diese Zeremonie erinnert daran, wie Jesus gemäß dem Johannesevangelium den Aposteln die Füße beim Abendmahl gewaschen hat, und wird von den Oberhäuptern aller Gemeinschaften zelebriert.

Ehe der Metropolit Isychios mit der Zeremonie der Fußwaschung fortfährt, nehmen ihm Archimandriten der Bruderschaft vom Heiligen Grab das üppig bestickte Gewand ab. Vor ihm stehen auf einem Teppich, in den das Symbol des Patriarchats von Jerusalem eingewoben ist, eine silberne Schale und ein Krug mit Wasser, mit dem er dann die Füße von zwölf Archimandriten stellvertretend für die zwölf Apostel wäscht.

Im Boden des Katholikon befindet sich der so genannte „Nabel der Welt“. Der Überlieferung zufolge liegt hier das Zentrum der Welt, das sich auf zahlreichen mittelalterlichen Karten, Illustrationen und Modellen der Grabeskirche findet. Auf einem Ständer neben ihm stecken Kerzen, mit denen Pilger um Segen bitten.

Mit einer brennenden Kerze in der Hand ziehen die griechisch-orthodoxen Geistlichen bei einer der drei Osterprozessionen, die von jeder Glaubensgemeinschaft in der Karwoche um das Grab Christi veranstaltet werden, um den Grabbau.

Seine Eminenz Vassilios, Seniormetropolit von Caesarea, und Seine Eminenz Konstantin, Seniormetropolit von Scythopolis, stehen bei dem Auferstehungsgottesdienst zwischen Karsamstag und Ostersonntag mit Kerzen in den Händen nebeneinander im Katholikon.

Mit dem Rücken zum „Nabel der Welt" zieht ein Mitglied der Bruderschaft vom Heiligen Grab zwischen den Reihen der Metropoliten und Erzbischöfe des griechisch-orthodoxen Patriarchats zur Ikonostase des Katholikon.

Madonnenikone in der griechisch-orthodoxen Jakobuskapelle.

Hoch über dem Boden des Katholikon stützen riesige Pfeiler die kleinere der beiden Kuppeln der Grabeskirche. Die Säulen und die Kuppel wurden zwar ursprünglich zur Zeit der Kreuzfahrer errichtet, die farbige Mosaikdekoration aber wurde erst vor kurzem fertiggestellt. Das Bild zeigt ein verbreitetes Motiv der orthodoxen Ikonographie: Christus mit der Bibel als Herrscher der Welt (Christus Pantokrator), umgeben von den Aposteln und Erzengeln.

In einem Raum unter dem Abrahamskloster an der Ostseite des Vorhofs liegt der heute nicht mehr benutzte Speiseraum (Refektorium). Die Wände sind vollständig bemalt mit Darstellungen von Christus, Gestalten aus der Bibel, Aposteln, Erzengeln, Eremiten und Heiligen. An der vorderen und hinteren Wand befinden sich Darstellungen des Abendmahls und der Reise Marias nach Betlehem. Diese Fresken stammen vermutlich aus dem 19. Jahrhundert.

Die Cherubim im Scheitelpunkt der Decke stehen stellvertretend für den Himmel.

An einer Wand befindet sich ein Bild von König David (Mitte), eingerahmt vom Hohenpriester Aaron (links) und dem Propheten Elija (rechts).

Christus als Weltenherrscher (Pantokrator) in der Mitte des Gewölbes stehen drei Cherubim mit Engeln zur Seite, die dadurch seinen himmlischen Aufenthalt hervorheben.

Die römisch-katholische

Römisch-katholische Pilger aus aller Welt nehmen an der Palmsonntagsprozession von Betfage auf dem Ölberg zum Kloster St. Anna beim Löwen- oder Stephanstor der Altstadt teil. Die Pilger beten und tragen Öl- und Palmzweige als Erinnerung an den Einzug Jesu in Jerusalem.

Vorhergehende Doppelseite: *Brennende Kerzen markieren den Weg der Osterprozession der römisch-katholischen Christen von der Kapelle der Maria Magdalena im lateinischen Bereich im nördlichen Seitenschiff der Grabeskirche am Grabbau vorbei zum Salbungsstein in der Eingangshalle.*

Seine Heiligkeit Monsignore Michel Sabbah, der lateinische Patriarch von Jerusalem, Seine Eminenz Bischof Kamal-Hanna Bathish, der Vizegeneral des lateinischen Patriarchen von Jerusalem, und der Allerehrwürdigste Pater Giovanni Battistelli OFM, der Kustos des Heiligen Landes, beschließen mit dem Klerus, mit katholischen Kirchenvertretern und Franziskanermönchen die Palmsonntagsprozession. Sie sind umgeben von Diakonen und katholischen Pfadfindern. Im Hintergrund Mitglieder des Ritterordens der Grabeskirche mit ihren schwarzen Filzbaretten.

Die Palmsonntagsprozession zieht den steilen Hang des Ölbergs hinunter, vorbei an den Mauern des jüdischen Friedhofs und der Kirche Dominus Flevit, die daran erinnert, wie Jesus dem Lukasevangelium zufolge trauerte, als er die Zerstörung Jerusalems prophezeite. Im Hintergrund der Felsendom, das Heiligtum der Muslime, der an dem Ort errichtet wurde, an dem Mohammed der Überlieferung nach seine Himmelreise antrat und wo sich einst der jüdische Tempel befunden haben soll.

Nachdem die Palmsonntagsprozession das Stephanstor erreicht hat, schreiten die Dudelsackpfeifer der katholischen Pfadfinder durch die Straßen von Jerusalem zum lateinischen Patriarchat gleich hinter dem Neuen Tor.

Franziskanermönche in Messgewändern warten am Palmsonntag während der Segnung der Palmzweige durch den lateinischen Patriarchen in der Grabeskirche.

Am Gründonnerstag wird die Geißelungssäule in einer Nische der Erscheinungskapelle im Nordteil der Grabeskirche geschmückt. Es handelt sich der Überlieferung zufolge um jene Säule, an der Jesus nach seinem Verhör durch Pontius Pilatus gefesselt und ausgepeitscht wurde. Eine weitere Säule, die man gleichfalls mit diesem Ereignis in Verbindung bringt, wird auf einem Altar in der armenischen Kapelle auf der Galerie ausgestellt.

Seitlich am Eingang zur Engelskapelle des Grabbaus stehen diese mächtigen Kerzenhalter, die den drei großen Religionsgemeinschaften gehören: den Griechisch-Orthodoxen, den Katholiken und den Armeniern. Nur einmal im Jahr, während der Ostergottesdienste, werden hier auch Blumen abgelegt.

Am Karfreitag zieht die Laienschar der katholischen Gemeinschaft Jerusalems mit einem übergroßen Holzkreuz in einer Prozession über die Via Dolorosa, den Schmerzensweg, vom Prätorium vorbei an den neun Kreuzwegstationen zur Grabeskirche, wo die Pilger Golgota und den Grabbau aufsuchen.

Eine Nonne im Gebet.

Seine Heiligkeit Monsignore Michel Sabbah, der lateinische Patriarch von Jerusalem, während der Ostermesse auf einem tragbaren Thron vor dem Grabbau.

Karfreitagsprozession rund um den Grabbau. Im Hintergrund wird die mit einem Leichentuch umhüllte Christusstatue nach dem dritten Umzug der Gläubigen um den Grabbau symbolisch beerdigt.

Franziskanermönche in ihren weißen Messgewändern strömen von der lateinischen Kapelle der Maria Magdalena zur Messe vor dem Grabbau in die Rotunde.

Katholische Pilger beim Gebet während des Grablegungsgottesdienstes am Karfreitag.

Am Karsamstag wird der Taufstein bei einem Gottesdienst im nördlichen Teil der Rotunde gesegnet. Das Foto zeigt den Taufkrug und den Taufstein aus Gold und Silber auf einem tragbaren Altar während des Gottesdienstes, der vom lateinischen Patriarchen von Jerusalem gehalten wird.

Die Armenier

Vorhergehende Doppelseite: *Am Dienstag der Karwoche breitet die armenische Kirche vor der armenischen Jakobuskapelle auf dem Vorhof einen Teppich zur Messe aus. Hier liest ein Diakon, umgeben von Chorknaben, aus dem Evangelium. Im Hintergrund Mitglieder der Bruderschaft des hl. Jakob, dessen fünfzig Mitglieder das armenische Patriarchat von Jerusalem bilden.*

Links und oben: *Am Ende der Palmsonntagsprozession in der Grabeskirche führen Diakone mit Öl- und Palmzweigen in den Händen die armenische Prozession aus der Kirche durch die Straßen zurück zum Patriarchensitz im Südwesten der Altstadt.*

Der Vikar des armenischen Patriarchats führt die Palmsonntagsprozession um den Grabbau, die zusammen mit der koptischen und der syrisch-orthodoxen Kirche durchgeführt wird. Bemerkenswert ist der üppige Schmuck von Mitra und Mantel, die vom Würdenträger nur einmal im Jahr zu diesem Anlass getragen werden.

Armenische Bischöfe und Mitglieder der Bruderschaft des hl. Jakob in ihren prachtvollen Gewändern spenden mit dem Rücken zum Grabbau während der Palmsonntagsprozession um den Grabbau den Segen. Jeder hält einen Palmzweig, ein aus einem Palmwedel geformtes Kreuz und eine Kerze in Händen.

Ein armenischer Geistlicher liest am Gründonnerstag auf dem Vorhof während der Messe aus dem Evangelium.

Der armenische Sakristan steht während des Gottesdienstes vor der armenischen Jakobuskapelle dem Gebet vor.

Von einem Fenster über den Hauptportalen der Kirche aus betrachten zwei armenische Priester die griechische Zeremonie der Fußwaschung auf dem Vorhof der Grabeskirche. Ein Priester hat den Fuß auf die berühmte Leiter gestellt, die genau an der durch die Übereinkünfte des Status quo von 1852 vorgesehenen Stelle steht; die Bestimmungen sehen vor, dass in den allen Religionsgemeinschaften gemeinsam gehörenden Bereichen der Kirche kein Gegenstand ohne Zustimmung der drei führenden Kirchengemeinschaften von seinem Platz bewegt werden darf.

Diese an den Zeremoniarstäben befestigten Glocken ertönen bei jeder noch so kleinen Bewegung ihrer Träger.

Während der Messe auf dem Vorhof stehen die armenischen Geistlichen mit ihren spitzen Kopfbedeckungen wie in Gewänder gehüllte Figuren eines Stilllebens und wirken nahezu abstrakt.

Seine Heiligkeit Torkum Manoogian, armenischer Patriarch von Jerusalem, wäscht am Gründonnerstag während der Zeremonie der Fußwaschung in der Jakobuskirche im armenischen Patriarchat einem seiner Bischöfe die Füße.

Am Ostersonntag wird um sechs Uhr morgens nach einer Nacht voller Gebete und Prozessionen ein drei Stunden währendes Hochamt vor dem Grab Christi zur Feier der Auferstehung zelebriert.

Nach der Zeremonie der Fußwaschung am Gründonnerstag stellen sich der armenische Patriarch von Jerusalem mit seiner juwelenbesetzten Krone, der Vikar des Patriarchats mit einem Hirtenstab und einer Mitra und die Bischöfe der Bruderschaft des hl. Jakob vor dem Altar auf und geben ihrer Gemeinde den abschließend Segen, ehe die Gemeinde auseinander geht.

Die Kopten

HOLD THOU ME UP AND I SHALL BE SAFE.
(PS. 119:117)
إسندني فأخلص
(مز ١١٩:١١٧)

Oben: *Neben dem Patriarchat liegt die Kirche St. Antonius aus dem 19. Jahrhundert. Diese wurde unmittelbar auf einer Halle der Kreuzfahrer errichtet, die zu dem Baukomplex gehörte, der im 12. Jahrhundert der Grabeskirche angefügt worden war.*

Links: *Das koptisch-orthodoxe Patriarchat liegt nördlich der Grabeskirche. Das Hauptgebäude, dessen Eingang hier zu sehen ist, wurde im 19. Jahrhundert auf den Überresten eines älteren Bauwerks errichtet.*

Vorhergehende Doppelseite: *Während der Grablegungsprozession am Karfreitag segnet seine Eminenz Erzbischof Dr. Anba Abraham, der koptisch-orthodoxe Metropolit von Jerusalem und dem Nahen Osten, den Salbungsstein zusammen mit dem Klerus seiner Kirche. Zu beiden Seiten des Steins befinden sich drei Kerzenhalter der drei großen Religionsgemeinschaften, und auch die Leuchter über dem Stein gehören diesen drei Gemeinschaften. Das Anzünden der Kerzen und Leuchter wird durch die Übereinkunft des Status quo genau geregelt.*

Der koptisch-orthodoxe Metropolit von Jerusalem verlässt mit einem Palmwedel in der Hand die Patriarchenresidenz und begibt sich zur Grabeskirche, wo er hinter dem Grabbau neben der Kapelle der Kopten in seine Messgewänder für den Palmsonntagsgottesdienst gekleidet wird.

Ein koptischer Mönch hält am Ostersonntag ein Kreuz aus Zucker in der Hand.

In einer bewegenden, alle Teilnehmer mit einbeziehenden Zeremonie salbt seine Eminenz Erzbischof Dr. Anba Abraham, der koptisch-orthodoxe Metropolit von Jerusalem und dem Nahen Osten, in goldbestickten weißen Gewändern während der Zeremonie der Fußwaschung am Gründonnerstag in der Kirche St. Antonius die Füße seiner ganzen Gemeinde.

Der koptisch-orthodoxe Metropolit von Jerusalem mit seiner mit Juwelen und Ikonen besetzten Festkrone.

Jede Prozession hat ihr eigenes Gewand. Hier umschreitet Erzbischof Dr. Anba Abraham den Grabbau mit einem Stab, dessen Spitze von zwei Schlangen gekrönt wird.

Während der Grablegungsprozession am Karfreitag sucht der koptische Klerus alle bedeutenden Stätten in der Grabeskirche auf. Hier betet der koptische Metropolit vor der griechisch-orthodoxen Kapelle auf Golgota. Neben ihm überwacht ein griechischer orthodoxer Priester die Einhaltung der Interessen seiner Kirche, wie sie durch den im 19. Jahrhundert verabschiedeten Status quo festgelegt wurden.

Die Kapelle der Kopten liegt in der Grabeskirche hinter dem Grabbau; hier ist ein kleiner Teil des Grabes zu sehen.
Am Palmsonntag versammelt sich die koptische Gemeinschaft von Jerusalem vor der Ankunft der Prozession neben ihrer Kapelle.

Die Syrer

Vorhergehende Doppelseite: *Gegenüber dem Eingang zur Engelskapelle im Grabbau liest Seine Eminenz Mar Swerios Malki Murad, der syrisch-orthodoxe Metropolit und Vikar des Patriarchats von Jerusalem, Jordanien und dem Heiligen Land, im Kreis seines Klerus ein Gebet während der Prozession um den Grabbau nach der Zeremonie des heiligen Feuers.*

Die syrisch-orthodoxe Kirche ist die kleinste Religionsgemeinschaft mit Gebetsrechten in der Grabeskirche. Das Foto zeigt den Eingang zum syrisch-orthodoxen Patriarchat im Kloster St. Markus im armenischen Viertel. Es wurde im 12. Jahrhundert erbaut und der syrischen Überlieferung zufolge soll es über den Ruinen der Stätte des Abendmahls errichtet worden sein.

Der syrische Erzbischof liest vor der Zeremonie der Fußwaschung aus dem Johannesevangelium in aramäischer Sprache, jener alten semitischen Sprache, die in Judäa zur Zeit Jesu gesprochen wurde. Zwölf Mitglieder der syrisch-orthodoxen Laiengemeinde warten stellvertretend für die Apostel darauf, dass ihnen der Metropolit während der Zeremonie der Fußwaschung am Gründonnerstag die Füße wäscht. Es gilt als große Ehre, hierzu auserwählt zu werden; auf der Galerie verfolgen die Angehörigen den Ritus.

In einer verwitterten Nische an der Rückseite der Rotunde in der Grabeskirche liest der syrisch-orthodoxe Metropolit die Messe für seine Mitgläubigen, die kaum in dem winzigen Raum Platz finden, der ihnen zur Verfügung steht. Seit jeher streiten sich die syrische und die äthiopische Religionsgemeinschaft um den Besitz dieses Raumes.

Nach der Palmsonntagsprozession in der Grabeskirche geht der syrisch-orthodoxe Metropolit, nachdem er sein Messgewand abgelegt hat, über den Vorhof zur Patriarchenresidenz.

Die Äthiopier

Ein äthiopischer Mönch neben der Kuppel der Helenakapelle.

Vorhergehende Doppelseite: *Weiß gekleidete Pilger beten auf Gees, der alten äthiopischen Sprache, am Karfreitag in der Michaelskapelle, auf die sowohl die äthiopische als auch die koptische Kirche Anspruch erheben.*

Mitten auf dem Hof des Deir es-Sultan erhebt sich die Kuppel der armenischen Helenakapelle. Der Hof ist alles, was von dem zerstörten Augustinerstift der Kreuzfahrer übrig geblieben ist. Hinter der Kuppel sind das Dach des Umgangs der Grabeskirche und die Kuppel über dem Katholikon zu sehen.

Die äthiopisch-orthodoxe Kirche muss sich auf den unter dem Namen Deir es-Sultan bekannten Bereich auf dem Dach der Helenakapelle beschränken.

Eine einzelne Pilgerin im Gebet auf dem Vorhof neben der Tür zur Michaelskapelle. Neben ihr lehnen Holzkreuze an der Wand, die von anderen Pilgern zurückgelassen wurden. Solche Kreuze tragen die Pilger die Via Dolorosa entlang, ehe sie sie hinter der Kapelle der Schmerzen abstellen.

Äthiopische Pilger.

Ein angereister äthiopischer Pilger hat keinen Platz mehr im überfüllten Osterzelt gefunden und betet neben einem Loch in der Zeltplane.

Auf ihrem Weg zur äthiopischen Michaelskapelle betritt eine Reihe weiß gekleideter äthiopischer Pilger durch die Tür neben der neunten Station des Kreuzwegs den Dachbereich.

Äthiopische Pilger auf dem Deir es-Sultan während der Zeremonie des heiligen Feuers anlässlich des Osterfestes.

Das Hauptereignis im Osterkalender der äthiopischen Orthodoxen findet am Karsamstag statt, am Abend nach der Zeremonie des heiligen Feuers. Eine durch das wundersame heilige Feuer entzündete Kerze bleibt während dieser Zeremonie brennen. Der äthiopische Erzbischof hält in einem Zelt auf dem Deir es-Sultan Gebete ab und führt dann seinen Klerus in einer Fackelprozession dreimal um die Kuppel der Helenakapelle. Ihre Kerzen werden an der Kerze des heiligen Lichts in der Hand des Erzbischofs entzündet. Dabei wird er von einer Gruppe afrikanischer Trommler und Tänzer begleitet – ein eindrucksvolles Beispiel dafür, wie eine jede christliche Gemeinschaft in der Durchführung der religiösen Riten ihre eigenen kulturellen Traditionen zum Ausdruck bringt.

Äthiopische Pilgerinnen im Schein der Kerzen während der Prozession des heiligen Feuers am Karsamstag.

Folgende Doppelseite: *Das Oberhaupt der äthiopisch-orthodoxen Kirche in Jerusalem, seine Eminenz Erzbischof Matthewos, liest die Messe vor seiner Gemeinde in einem Zelt, das auf dem Deir es-Sultan vor der Zeremonie der Fußwaschung aufgestellt wurde.*

Die Zeremonie des heiligen Feuers

In der Stunde vor der Zeremonie des heiligen Feuers strömen die Christen der Jerusalemer Glaubensgemeinschaften in die Grabeskirche und nehmen die ihnen zuvor zugewiesenen Plätze um den Grabbau ein. Die Jugendlichen trommeln, tanzen und rufen sich gegenseitig Worte zu, die von einer nicht immer harmlosen Rivalität zwischen den Konfessionen zeugen.

Vorhergehende Doppelseite: *Wenige Augenblicke nach der Entzündung des heiligen Feuers erstrahlt die Rotunde der Grabeskirche im Licht der Kerzen aller Gläubigen, die um das Grab Christi stehen, aus dem das wundersame Licht entsprungen ist und das schon bald jeden Raum der Kirche mit Flammen und dichten Rauchschwaden erfüllt haben wird.*

Oben in der Kuppel der Rotunde harren Pilger auf das Wunder der Entzündung des heiligen Feuers.

Die Gläubigen reichen das im Grab Christi entzündete heilige Feuer von dem Kerzenbündel, das der griechisch-orthodoxe Patriarch der versammelten Menge überreicht hat, Kerze für Kerze weiter. Schon in kürzester Zeit füllt sich die Rotunde mit dem Schein brennener Kerzen, dem Geruch von schmelzendem Wachs und einer dicken Rauchwolke.

Ein Laie der armenischen Gemeinschaft steckt die Hand durch die Öffnung an der Südseite des Grabbaus, um ein brennendes Bündel Kerzen vom armenischen Prälaten in Empfang zu nehmen, der den griechisch-orthodoxen Patriarchen in das Grab begleitet hat. Die am heiligen Feuer entzündeten Kerzen werden sodann dem armenischen Patriarchen von Jerusalem gebracht, der in der Galerie der Rotunde über dem Heiligen Grab wartet.

Folgende Doppelseite: *Umgeben von seinen Gläubigen hält Seine Eminenz der griechisch-orthodoxe Patriarch von Jerusalem, Diodoros I., das heilige Feuer in die Höhe, während er auf seinem Thron vom Grabbau zum Altar im Katholikon getragen wird.*

Register

Die *kursiv* gesetzten Seitenzahlen verweisen auf Abbildungen

Auswahlbibliographie

Biddle, M., *The Tomb of Christ,* Sutton, Phoenix Mill, 1999.
Clapham, A. W., *The Latin Monastic Buildings of the Church of the Holy Sepulchre Jerusalem,* in: Antiquaries Journal 1, 3–18, 1921.
Conant, K. J., *Original Buildings at the Holy Sepulchre in Jerusalem,* in: Speculum 31, 1–48, 1956.
Corbo, V. C., *Il Santo Sepolcro di Gerusalemme,* 3 Bde., Veröffentlichung des Studium Biblicum Franciscanum 29, Jerusalem, 1981.
Coüasnon, C., *The Church of the Holy Sepulchre in Jerusalem,* in: Schweich Lectures of the British Academy, London, 1972 und 1974.
Folda, J., *The Art of the Crusaders in the Holy Land 1098–1187,* Cambridge, 1995.
Gibson, S. und Taylor, J., *Beneath the Church of the Holy Sepulchre. The Archaeology and Early History of the Traditional Golgotha,* in: PEF Monograph 2, London, 1994.
Harvey, W., *Church of the Holy Sepulchre, Jerusalem, Structural Survey,* London, 1935.
Hunt, E. D., *Holy Land Pilgrimage in the Later Roman Empire AD 112–460,* Oxford, 1984.
Jeffrey, G., *A Brief Description of the Holy Sepulchre, Jerusalem, and other Christian Buildings in the Holy Land,* Cambridge, 1919.
Peters, F. E., *Jerusalem. The Holy City in the Eyes of Chroniclers, Visitors, Pilgrims and Prophets from the Days of Abraham to the Beginnings of Modern Times,* Princeton University Press, New York, 1985.
Rock, A., *The Status Quo in the Holy Places,* in: Holy Land Publications, 1989.
Rosovsky, N. (Hrg.), *City of the Great King. Jerusalem from King David to the Present,* Cambridge, Mass., und London, 1996.
Vincent, L.-H. und Abel, F.-M., *Jérusalem: Recherches de Topographie, d'archéology et d'histoire II, Jerusalem nouvelle,* Lieferung 1 und 2, 1914–1926.
Wilkinson, J., *Jerusalem as Jesus Knew It: Archaeology as Evidence,* London, 1978.

Danksagung

Es ist unsere angenehme Pflicht, all jenen zu danken, die an der Entstehung dieses Buches mitgewirkt haben. Es sind dies insbesondere die kirchlichen Gemeinschaften, die uns ermöglicht haben, ihre Stätten in der Grabeskirche zu betreten, um Menschen und Ereignisse festzuhalten. Deshalb richtet sich unser Dank an Seine Heiligkeit Diodoros I., griechisch-orthodoxer Patriarch von Jerusalem, Seine Heiligkeit Erzbischof Torkum Manoogian, armenischer Patriarch von Jerusalem, den Allerehrwürdigsten Pater Giovanni Battistelli OFM, Kustos des Heiligen Landes, Seine Eminenz Erzbischof Dr. Anba Abraham, koptisch-orthodoxer Metropolit von Jerusalem und des Nahen Ostens, Seine Eminenz Mar Swerios Malki Murad, syrisch-orthodoxer Metropolit und Patriarchatsvikar von Jerusalem, dem Jordan und des Heiligen Landes und Seiner Eminenz Erzbischof Matthewos, Oberhaupt der äthiopisch-orthodoxen Kirche von Jerusalem. Ferner danken wir all jenen, die uns auf unterschiedliche Weise während der Arbeit an diesem Buch geholfen haben: Seiner Eminenz Timotheus, Seniormetropolit von Vosira und Generalsekretär des griechisch-orthodoxen Patriarchats von Jerusalem, Seiner Eminenz Christodoulos, Metropolit von Eleftheropolis und Ober-Dragoman, Seiner Eminenz Daniel, Metropolit von Tabor und Vorsteher der Grabeskirche, dem Ehrwürdigen Pater Emilio Barcena OFM, dem Ehrwürdigen Pater Athanasius Macora OFM, dem Ehrwürdigen Pater Angelo OFM, Seiner Eminenz Bischof Gureqh, armenischer Vorsteher der Grabeskirche, dem Allerehrwürdigsten Pater Nourhan Manugian, Groß-Sakristan des armenischen Patriarchats von Jerusalem, dem Allerehrwürdigsten Pater Abedis, Dragoman des armenischen Patriarchats von Jerusalem, sowie Vera und Anna Triandafillidou von der russisch-orthodoxen Palästina-Gesellschaft.
Wertvolle Unterstützung erhielten wir auch von Amir Drori, Direktor des Israel Antiqities Authority (IAA), Jacob Fisch und weiteren Mitgliedern der Behördenleitung, die die Entstehung dieses Buches förderten. Beistand vor Ort erhielten wir auch seitens Amil Reem von der IAA, Rasnan Tal und Saliba Saliba von der israelischen Polizei, Samir Farwagi vom Hotel Gloria, Kären Anderson de Zabé und Humberto Tachiquin, Foto-Assistenten von Michel Zabé und Birthe Kjalbya-Biddle für ihre wertvollen Hinweise zum Manuskript des Buches.
All den Genannten sowie jenen, deren Namen versehentlich vielleicht nicht erwähnt wurden, seien an dieser Stelle nochmals unser Dank und unsere Anerkennung ausgesprochen.

Bildnachweis